DON BOSCO

Monika Lehner

GEBURTSTAG
feiern mit Ein- bis Dreijährigen

Gerne nehmen wir Ihre Anregungen, Wünsche, Kritik oder Fragen entgegen:
Don Bosco Medien GmbH, Sieboldstraße 11, 81669 München
Servicetelefon: (0 89) 4 80 08-3 41

Bibliografische Information der Deutschen Nationalbibliothek

Die Deutsche Nationalbibliothek verzeichnet diese Publikation
in der Deutschen Nationalbibliografie; detaillierte bibliografische
Daten sind im Internet über http://dnb.d-nb.de abrufbar.

Auflage 2014 / ISBN 978-3-7698-2113-0
© 2014 Don Bosco Medien GmbH, München
www.donbosco-medien.de
Umschlag: Manfred Lehner, Blue Cat Design
Innenillustrationen: Antje Bohnstedt, Bretten
Notensatz: Nikolaus Veeser, Schallstadt
Layout: ReclameBüro, München
Satz: Don Bosco Medien GmbH, München
Druck: Don Bosco Druck & Design, Ensdorf

Gedruckt auf umweltfreundlichem Papier

Inhalt

Kleine Kinder feiern Feste

Feste gehören als Höhepunkte mit in den Alltag. Sie machen einen Tag, eine Stunde zu etwas Besonderem, Herausgehobenem. Für kleine Kinder ist alles neu! Im Vergleich mit den traditionellen Jahresfesten, von St. Martin mit seinem Laternenumzug über die lange und intensiv erlebte Adventszeit bis hin zum fröhlichen Eiersuchen rund um das Osterfest, nimmt sich der Rahmen einer Geburtstagsfeier eher bescheiden aus. Für die Kinder ist es jedoch eines der wichtigsten Feste, stehen doch sie selbst im Mittelpunkt des Geschehens. Oft fiebern sie diesem Tag regelrecht entgegen. Es lohnt sich also durchaus, der Gestaltung der quer durchs Jahr anfallenden Kindergeburtstage ein paar Gedanken zu widmen und dabei vor allem das kleinkindliche Erleben rund um den Geburtstagstisch mit in den Blick zu nehmen.

Die Kinder sind in einem Alter, in dem das Alltägliche ohnehin schon sensationell ist! Ein einfacher Spaziergang, der Besuch beim Bauern oder ein Bilderbuch bieten jeweils ganz neue Sinneseindrücke und Erfahrungen. Langsam bilden sich Ein- bis Dreijährigen ein Bild von der Welt ... und eben auch von den Festen. Wir dürfen die Kinder auf diesem Weg begleiten.

Es geht um die Kinder!

Zentrales Anliegen der Buchreihe „Kleine Kinder feiern Feste" ist, Ein- bis Dreijährige ins Zentrum der Festplanung und -durchführung zu stellen. Sie sind die Hauptpersonen – generell in der Krippe oder Kita und ganz besonders bei Festen. Immer wenn wir uns sensibel auf die kleinen Kinder einlassen, werden wir die pädagogische Arbeit mit Ein- bis Dreijährigen als vielfältig, reich, sinnvoll und mit viel Freude verbunden erfahren. Diese Freude ist im Alltag, im täglichen Zusammensein mit den Kindern genauso zu erleben wie an Festtagen.

Nehmen wir uns bei der Festgestaltung ein Beispiel an der gutmütigen „Henriette Bimmelbahn" von James Krüss! Ein Fest soll kein Schnellzug sein, der an den Kindern vorbei oder gar über sie hinwegrauscht, nur am „Fahrplan", also an sich selbst und seinen festen Traditionen orientiert. Lieber ein gemütlicher Bummelzug, der die Kinder einsteigen lässt, wo und wann sie können und möchten und der sie bei Bedarf, bei Überforderung oder Irritationen wieder aussteigen lässt und dafür die Fahrt kurz unterbricht.

Zur Buchreihe

Die Bücher der Reihe „Kleine Kinder feiern Feste" wenden sich an alle, die in der Krippe, der Kita oder in der Tagesbetreuung mit der Altersstufe eins bis drei befasst sind.

Die pädagogischen und praxisorientierten Ausführungen zu den einzelnen Festen basieren auf der Auseinandersetzung mit Ein- bis Dreijährigen, ihrer Wahrnehmung und Weltsicht, ihren Empfindungen und Bedürfnissen. Die Praxis ist gestützt von pädagogischem Hintergrundwissen, eigenen Gedanken und Reflexionen, die Theorie von der täglichen Praxis und reflektierter Erfahrung durchdrungen. Die Bücher sind so nicht eigentlich am *Schreibtisch* entstanden, sondern sozusagen im *Bodenkreis* – ganz nah bei den Kindern.

Die Bücher bieten eine brauchbare pädagogisch-praktische Melange, die auch ein wenig zum Nachdenken und zur Überprüfung eigener pädagogischer Standpunkte anregen soll. Alle praktischen Anregungen, seien es Lieder, Fingerspiele oder Bastelvorschläge, gehen auf langjährige Berufserfahrung mit Ein- bis Dreijährigen zurück, sind erprobt und orientieren sich an den Entwicklungsaufgaben und -themen, an den Möglichkeiten und Grenzen der kleinen Kinder.

In der fachlich-pädagogischen Arbeit mit Ein- bis Dreijährigen, im Zusammensein mit kleinen Kindern, stehen weder die originelle Idee, noch das jeweilige Fest im Vordergrund, sondern zuallererst das Kind. So wird aus den einzelnen Büchern jenseits des Themenschwerpunkts des jeweiligen Festes immer auch viel allgemeine Krippenpädagogik herauszulesen sein – übertragbar und anwendbar. Dies war mein Anliegen und ist meine Hoffnung.

Monika Lehner

Geburtstag feiern
mit Ein- bis Dreijährigen

Kerzen und Kuchen, Luftballons und Päckchen, Gratulation und beste Wünsche, gespannte Erwartung und endlich ist Geburtstag und: „Ich bin schon groß"!

Kinder werden nicht älter, Kinder werden größer! „Wenn ich mal groß bin" ist ein von kleinen Kindern oft gesprochener Satz und wahrscheinlich ist er noch öfter gedacht oder empfunden. Mit dieser Empfindung, mit dieser Aussage wird auf der einen Seite ein natürliches Einverständnis mit dem Zustand des „Klein-Seins" ausgedrückt, auf der anderen Seite ein selbstverständliches Streben und Wachsen hin zum „Groß-Sein", zum Älter- und Reiferwerden.

Das „Größer-Werden" zeigt sich besonders deutlich an den sogenannten Meilensteinen der Entwicklung: Das Kind fängt an zu krabbeln, richtet sich auf und lernt selbstständig zu laufen, es verfeinert seine Kommunikationsfähigkeit und lernt zu sprechen, langsam lernt es ohne Hilfe zu trinken und zu essen und kann irgendwann auf die Windeln verzichten. Diese Entwicklung verläuft fließend und im individuellen Tempo der Kinder, wird aber eben auch an der Anzahl der Jahre deutlich. Die Kinder lernen sehr schnell, ihr Alter – ein, zwei oder drei Jahre – mit den Fingern zu zeigen und abzuzählen. Sie verdeutlichen damit ihre eigene Entwicklung und die altersmäßige Einordnung für sich selbst wie auch gegenüber der Familie oder der Kindergruppe in ihrer Kita.

Wir dürfen die Kinder in dieser aufregenden und so bedeutsamen Zeit ein Stück auf ihrem Lebensweg begleiten und unterstützen. Wir freuen uns mit ihnen und den Eltern über jeden Entwicklungsschritt. So ist es ganz selbstverständlich, dass jeder einzelne Geburtstag in der Krippe gebührend und mit großer Aufmerksamkeit gefeiert wird. Doch wie lässt sich ein gelungener Kindergeburtstag mit Ein- bis Dreijährigen praktisch gestalten? – Unsere Aufgabe wird sein, eine gute Balance zu finden zwischen der Etablierung einer sinnvollen Geburtstagstradition und der Wahrnehmung und Anerkennung der kindlichen Erfahrungs- und Erlebenswelt. Die Geburtstagsfeier in der Krippe ist dabei nicht einfach eine abgespeckte Version der Feier im Kindergarten. Sie ist nicht von der Vorwegnahme von Wünschen und Bedürfnissen geprägt, sondern von der genauen Sicht auf die Kinder, um die es geht – die Ein- bis Dreijährigen.

Die Geburtstagsfeier im Wandel

Geburtstagstradition

Bis ins 19. Jahrhundert waren Geburtstagsfeiern nur vereinzelt und nur in höheren gesellschaftlichen Kreisen üblich. Die zunehmende Verbreitung durch alle Schichten hängt auch mit der Verbesserung der materiellen Stellung der Bevölkerung zusammen. Wer hungert oder jeden Groschen umdrehen muss, um die Versorgung der Familie zu gewährleisten, dem ist nicht nach feiern zumute, und die finanziellen Mittel ließen dies auch kaum zu.

Im Festereigen des Jahreslaufs stellen die Geburtstage die einzigen rein individuellen Feste dar. Der Termin ist ganz allein durch den Tag der Geburt des jeweiligen Kindes definiert. Der Geburtstag ist weder ein klassisches Familienfest noch ein kollektives Fest der Gesellschaft. Im Gegensatz zu den traditionellen Festen hat das Geburtstagsfest auch keinen religiösen Hintergrund, sondern einen sehr weltlichen: Ein Mensch wurde geboren und dieser Termin jährt sich an diesem Tag. Ein Tag, der in der individuellsten Weise zu seiner Existenz und Biografie gehört.

Aufgrund verschiedener gesellschaftlicher und geistiger Entwicklungen wurden Geburtstagfeiern zunehmend üblich. Zunächst wurden runde Geburtstage ab einem bestimmten Alter im Kreise der Familie mehr oder weniger bescheiden gefeiert. Die heutige Tendenz zu immer aufwändigeren Festgestaltungen bis hin zum Eventcharakter einer Geburtstagsfeier macht auch vor den Kinderge-

burtstagen nicht Halt: Geburtstagsparty im Fastfood-Restaurant mit professionellem Clown, Geburtstag im Freibad, im Kindertheater oder im Kino oder auch gerne mal mit engagierten Spaßmachern und Zauberern zu Hause. Dabei gilt für Kinder gerade „small is beautifull" – ein guter Kuchen und viel Raum für Spiele reichen eigentlich aus für ein gelungenes Geburtstagsfest.

Die gute alte Faustregel, so viele Kinder einzuladen, wie viele Jahre das Geburtstagskind zählt, hat noch Gültigkeit. Ein ganz einfacher Schutz vor Überforderung!

Geburtstag und spiritueller Hintergrund

Im christlichen Raum gehörten Geburtstagsfeiern nicht immer zu den allgemein üblichen Festen. Die Feier des Geburtstages verbreitete sich zunächst eher in protestantischen Gebieten, während im katholischen Raum bevorzugt der Namenstag gefeiert wurde.

Der Namenstag verweist auf den Heiligen, in dessen Gedenken das Kind getauft wurde. Mit der Taufe erhielt es seinen Namen und wurde damit auch in die katholische Kirche aufgenommen. Inzwischen hat sich auch unter Katholiken die Feier des Geburtstags durchgesetzt und die Bedeutung des Namenstags, wie auch überhaupt das Gedenken an die Heiligen, verlor in der Lebenspraxis an Gewicht. Die jeweilige Gewichtung von Namens- und Geburtstag ist allerdings regional unterschiedlich.

Bräuche rund um das Wiegenfest finden in der Literatur auch Erwähnung im Zusammenhang mit magischen und mythischen Ursprüngen. Glückwünsche, Geschenke, Kerzen und Segenssprüche waren demnach in alter Zeit dazu bestimmt, Dämonen vom Geburtstagskind fernzuhalten und seine Sicherheit für das nächste Lebensjahr zu beschwören. Hier spielt auch die hohe Säuglings- und Kindersterblichkeit hinein, die bis ins neunzehnte Jahrhundert verbreitet war. Während unsere heutige Sicht auf die Geburtstagsbräuche von einer großen Selbstverständlichkeit bis hin zu einer sicheren Erwartung des (Über)Lebens geprägt ist, kam es früher häufig vor, dass Kinder nicht einmal ihren ersten Geburtstag erlebten. In Zeiten mit solch harten Bedingungen mag eine zum Geburtstag eines Kindes entzündete Kerze wohl von ganz besonderer Bedeutung gewesen sein.

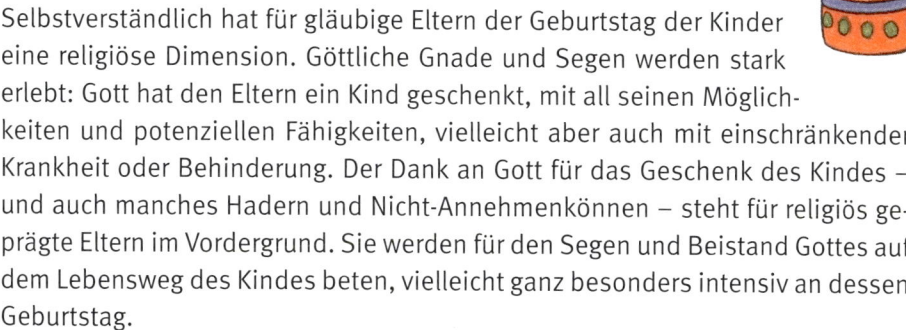

Selbstverständlich hat für gläubige Eltern der Geburtstag der Kinder eine religiöse Dimension. Göttliche Gnade und Segen werden stark erlebt: Gott hat den Eltern ein Kind geschenkt, mit all seinen Möglichkeiten und potenziellen Fähigkeiten, vielleicht aber auch mit einschränkender Krankheit oder Behinderung. Der Dank an Gott für das Geschenk des Kindes – und auch manches Hadern und Nicht-Annehmenkönnen – steht für religiös geprägte Eltern im Vordergrund. Sie werden für den Segen und Beistand Gottes auf dem Lebensweg des Kindes beten, vielleicht ganz besonders intensiv an dessen Geburtstag.

Für kleine Kinder selbst ist das „Auf der Welt sein" nicht als Geschenk und Segen wahrnehmbar. Das Kind von Mama und Papa zu sein, ist pure Selbstverständlichkeit. Erst nach sehr vielen Jahren und Erfahrungen, vielleicht erst im Erwachsenenleben oder gar erst im Alter wird manchem bewusst, dass das Leben keine Selbstverständlichkeit ist.

Geburtstagsbräuche

Geburtstag zu feiern hat Tradition. In jedem Land und Kulturkreis, in jeder Familie und nicht zuletzt in jeder Kita werden Geburtstage begangen, wenn auch mit leicht unterschiedlicher Prägung. Individuelle Rituale bilden sich heraus, sei es das sprichwörtliche Frühstück im Bett, ein Ausflug zu einem bestimmten Ziel, ein Picknick oder ein bestimmtes Lied. Geburtstagseinladungen und Gegeneinladungen helfen, Kontakte, Freundschaften und familiäre Bande zu pflegen. Wer Gäste einlädt, sie gut bewirtet und ihnen ein paar schöne Stunden bereitet, zeigt sich dankbar gegenüber den guten Wünschen und Gaben und gibt so auch etwas Gutes zurück. Oder man folgt einfach dem Wunsch, seinen Geburtstag im

Kreise lieber Menschen zu verbringen und so zu spüren, dass man nicht alleine ist.

Bei allen kleinen oder großen Unterschieden haben sich doch allgemein gebräuchliche „Zutaten" für die Geburtstage herausgeformt: Geburtstagskuchen, Kerzen in der Anzahl der erreichten Jahre, Blumen, ein Geburtstagslied, Gratulation mit Handschlag, Umarmung und Küsschen, eine mehr oder weniger kleine Einladung und natürlich das Geburtstagsgeschenk.

Entwicklungsalter und Kindergeburtstag

Der Geburtstag jedes Kindes will „gebührend" gefeiert werden. Doch was genau ist damit eigentlich gemeint? Die Antwort kann nur sein: Festumfang und -gestaltung müssen altersspezifisch passend und angemessen sein, aber auch dem Wesen des Geburtstagskindes gemäß. Erleben und Erwartungen sind beim einjährigen, zweijährigen oder dreijährigen Kind unterschiedlich. Bei allem individuellen Entwicklungstempo gibt es dennoch Übereinstimmungen und Gemeinsamkeiten.

Das Kind wird gefeiert

Der erste Geburtstag

Der erste Geburtstag wird noch kaum bewusst vom Kind wahrgenommen. Allerdings nimmt es sehr wohl den freudigen Anlass wahr, der mit allerhand erfreulichen Zutaten verbunden ist. Das Kind *wird gefeiert* und ist damit noch eher das *Objekt* der Geburtstagsfeier. Dennoch interagiert es und nimmt in seiner Weise aktiv daran teil. Es liegt eine ganz besondere Stimmung in der Luft und das Kind steht im Mittelpunkt der Aufmerksamkeit. Kleine Kinder haben ein hochsensibles Gespür für Stimmungen. Sie nehmen genau wahr, wenn sich alles um ihre Person dreht, und reagieren darauf, wenn auch nicht immer in der erwarteten

Weise. Nicht selten werden den Einjährigen der Rummel und die gut gemeinten Veränderungen im gewohnten Ablauf zuviel und sie reagieren mit Abwehr und Tränen.

Kleine Kinder brauchen einen kleinen Rahmen! Bereiten wir dem Kind einen schönen Tag vor allem auch dadurch, dass wir es vor Überforderung bewahren. Eine kurze Feierlichkeit mit Geburtstagslied und dem Auspusten einer Kerze auf dem leckeren Kuchen – mehr braucht es nicht. Vielmehr kommt es an auf die innere Wertschätzung dem Kind gegenüber und die Freude darüber, dass es da ist.

Der zweite Geburtstag

Rund um den zweiten Geburtstag bewegt sich die kindliche Entwicklung fließend zwischen den Polen, die den ersten und dritten Geburtstag markieren. Langsam entwickelt sich das Erleben des eigenen Geburtstags vom *Objekt*- zum *Subjekt*charakter. Halb sieht es sich staunend in eine Sonderrolle versetzt, halb begreift es den Sinn des Aufhebens und genießt „seinen" Tag schon bewusst.

Bei der Feier zum zweiten Geburtstag gilt es in besonderem Maße, sensibel auf die Entwicklung des Kindes einzugehen und so eine alters- und vor allem individuell kindgemäße Festgestaltung zu erreichen. Bleiben wir in der Erlebniswelt des Kindes und vermeiden Vorgriffe. Die Kinder sind auf einem Entwicklungsweg, und da folgt ein Schritt dem anderen. Lassen wir den Kindern Zeit, auch beim Geburtstagsthema.

Das Kind feiert

Im Vorfeld des dritten Geburtstags entwickeln Kinder mehr und mehr ein inneres Bild von diesem besonderen Tag. Er wird schon sehr genau wahrgenommen und mit ganz bestimmten Erinnerungen, Vorstellungen und Erwartungen verknüpft.

Das zunehmende Verständnis für den Zahlenraum und die Erkenntnis, dass drei mehr als eins oder zwei ist, trägt zur wachsenden Bedeutung des Geburtstags für das Kind bei. Was für Kindergartenkinder eine pure Selbstverständlichkeit darstellt, ist bei Krippenkindern ihrer noch höchst wandelbaren Vorstellung von der Welt unterworfen. Scheinbar banale Gewissheiten bilden und festigen sich erst um das dritte Lebensjahr. Das dreijährige Kind verfügt bereits über ein klareres Zeitverständnis und hat schon einige Erfahrungen mit Geburtstagen gesammelt. Auch Geburt und Herkunft sowie die Verankerung in Familie und Kindergruppe werden zunehmend verstanden.

Der dritte Geburtstag

Dieser Tag wird mit Vorfreude erwartet oder gar herbeigesehnt. Das dreijährige Kind wird nicht mehr nur von den Familienmitgliedern und der Kitagruppe gefeiert – nein, es *feiert* seinen Ehrentag zunehmend *selbst*. Meist entwickeln und äußern die Kinder auch bereits einen klaren Wunsch für ein Geschenk. Hier geht es tatsächlich oft um einen einzigen, aber für das Kind relevanten Wunsch. Schön, wenn es nicht mit vielen, aber eher wahllosen materiellen Dingen überschüttet wird, sondern der eine große Wunsch in Erfüllung geht.

Etwa ab dem dritten Lebensjahr sind das Geburtstagsthema, vor allem aber der eigene Geburtstag, feste Bestandteile der kindlichen Gedankenwelt. Bestimmte Rituale und eine wie auch immer ausgestaltete Geburtstagstradition sind entstanden und vom Kind verinnerlicht. Diese Rituale erwachsen nicht primär aus dem kindlichen Bedürfnis, sondern werden in Familie und Kindergruppe angelegt. Wir bewegen uns also in einem durchaus sensiblen Bereich. Um so bedeutender ist, dass wir dem „Geburtstagskind" sowohl in der inneren wie äußeren Ebene unsere ganze Aufmerksamkeit schenken.

Gruppe und Geburtstagskind

Unbestritten ist das Geburtstagskind an seinem Ehrentag die Hauptperson. Für die Gruppe ist der Geburtstag eines der Kinder aus ihrer Mitte jedoch ebenfalls bedeutsam. Alle reichen sich die Hände, singen für das betreffende Kind und wünschen ihm alles Gute. Die Kindergruppe erlebt sich hier für eine begrenzte Zeit als untergeordnet, sozusagen als Träger des  Geburtstagskindes. Das gefeierte Kind erlebt sich wiederum als Teil der Gruppe, von ihr anerkannt und wertgeschätzt – getragen von der Gemeinschaft und doch für eine begrenzte Zeit in eine besondere Stellung gehoben.

Die Kinder der Gruppe setzen sich in Bezug auf ihr eigenes Alter in Beziehung zum Geburtstagskind: „Nun ist Emma auch schon drei Jahre alt." oder „Ich bin älter (bzw. jünger) als Lukas." Diese Reflexion der eigenen Stellung und der der anderen innerhalb der Kindergruppe sowie die Zughörigkeit zu den peergroups stärkt die Selbstwahrnehmung und damit das Selbstvertrauen.

Auch die Großen feiern Geburtstag

Die Kindergruppe besteht nicht nur aus Kindern. Die Erwachsenen gehören ebenfalls zur Gruppe. Hier bietet sich die schöne Gelegenheit, auch die Geburtstage der Erzieherinnen in kleinem Rahmen mit den Kindern zu begehen. Vielleicht erfährt das erwachsene „Geburtstagskind" an diesem Tag Wertschätzung durch eine besondere Geburtstasse für den Kaffee und auf dem Tisch wird eine Kerze feierlich entzündet. Eine Kollegin fordert die Kinder auf, sich die Hände zu reichen und alle singen das Geburtstagslied. Für die Gruppe wird erfahrbar, dass nicht nur Kinder Geburtstag feiern. So wird die Brücke zum Älterwerden bis ins Erwachsenenalter geschlagen.

Doppelte Festtage – was nun?

Es kommt durchaus vor, dass zwei Kinder am gleichen Tag Geburtstag feiern. Zwillingspaare sind naturgemäß davon betroffen. Hier ist ein sinnvoller Umgang besonders wichtig, da sich diese Situation für sie nicht ändern wird, während Terminüberschneidungen mit anderen Kindern zufällig sind und sich ihre Wege oft wieder trennen.

Bei Kindern, die an klassischen „Schenkfesten" wie St. Nikolaus und Weihnachten Geburtstag haben, weiß man nicht, ob man sie beglückwünschen oder bedauern soll. Immer müssen sie ihren ganz persönlichen Festtag teilen, oft steht er gar im Schatten des anderen „großen" Festes. Geburtstagstermine während der Karnevalszeit sind für kleine Kinder ebenfalls schwierig. In der allgemeinen Feierlaune und dem kunterbunten Durcheinander kann so ein kleiner Kindergeburtstag leicht untergehen. Eltern und Erzieher brauchen bei diesen Konstellationen viel Fingerspitzengefühl, um eine persönliche Wertschätzung des Geburtstagskindes im Blick zu behalten.

Jedem Geburtstag gebührt Aufmerksamkeit!

Wir feiern grundsätzlich *jeden* Geburtstag in der Kindergruppe mit Aufmerksamkeit und der dem Kind zustehenden Wertschätzung. Im Advent oder am Nikolaustag räumen wir dem Geburtstagskind ganz bewusst Raum und Zeit für sein persönliches Fest ein. Von „zweckmäßigen" Terminzusammenlegungen halten wir uns fern. Kleinen Kindern sind solch praktische Überlegungen ohnehin fremd, ganz besonders unpassend jedoch sind sie zu ihrem Geburtstag.

Wichtiger als das genaue Datum des Festes ist die innere und äußere Wertschätzung. Für die Jüngsten spielt der genaue Tag noch keine große Rolle. Hier kann man Terminüberschneidungen durchaus entzerren und an verschiedenen Tagen feiern. Die Erfahrung zeigt jedoch, dass man ebenso gut zwei Geburtstagskinder am gleichen Tag feiern und hochleben lassen kann. Jedes Kind bekommt dann einen Kuchen und Zwillingseltern bitten wir ebenfalls, zwei Kuchen mitzubringen. Und für jedes Kind wird das Geburtstagslied mitsamt persönlichen Glückwünschen dargebracht – und sei es auch unmittelbar nacheinander. Was unser eigenes Empfinden von einem gelungenen Festablauf stören mag, ist für die Kinder genau richtig. Denn was immer an diesem Tag sonst noch geschieht, es ist schließlich *ihr* Tag!

Zusammenwirken von Familie und Kita

Das Geburtstagskind kommt an seinem Ehrentag aus der Familie in die Gruppe. Meist begann der Tag mit einem kleinen familiären Geburtstagsritual und vielleicht gab es auch schon Geschenke. Da kann es passieren, dass das Kind in der Kita überdreht ankommt oder sogar traurig, weil es die Situation zu Hause verlassen musste. So gerne hätte es sich noch dem neuen Spielzeug gewidmet! Das Kind braucht an diesem Tag vielleicht etwas länger, um sich in der Kita einzufinden. Wir lassen ihm die Zeit, die es braucht. Unsere Glückwünsche können ein wenig warten.

Lädt das Geburtstagskind einzelne Kinder aus der Gruppe zu seiner Feier nach Hause ein, entsteht gelegentlich eine etwas schwierige Situation. Meist werden die Einladungskarten in der Einrichtung verteilt und mit großer Freude von den „ausgewählten" Kindern (und Eltern) aufgenommen. Bei anderen Kindern kann sich dagegen Enttäuschung breitmachen: „Ich bin nicht eingeladen. Bin ich nicht dein Freund?" Manchmal betrifft diese Enttäuschung auch die Eltern, die in eine von ihnen gewünschte Kinderfreundschaft mehr Gewicht legen, als die Kinder selbst.

Diese Situation ließe sich durch eine eher dezente Übergabe der Einladungen entspannen. Aber es gehört doch zur persönlichen Freiheit auch schon kleiner Kinder, sich seine Gäste selbst und unbefangen zu wählen. Mit solchen kleinen „Kränkungen" können Kinder umgehen lernen und dabei viel über Beziehung und Freundschaft erfahren. Zum Ausgleich wird ja *jeder* Geburtstag in der Gruppe mit *allen* Kindern gefeiert.

Der Geburtstagskalender

Informations- und Gestaltungselement

Luftballons, Blumen und eine ansprechende Tischgestaltung verschönern jede einzelne Geburtstagsfeier, der Geburtstagskalender hingegen begleitet die Gruppe das ganze Jahr, an jedem einzelnen Tag.

Geburtstagskalender können in verschiedenster Weise gestaltet sein und unterschiedliche Schwerpunkte setzen. Obwohl in Kitas sehr gebräuchlich, sind sie dort mal mehr, mal weniger prominent platziert. Häufig setzten sie jedoch einen zentralen Gestaltungsakzent in den Räumlichkeiten. Neben der Raumgestaltung dient der Geburtstagskalender der Information auf zwei ganz unterschiedlichen Ebenen – je nachdem, wer ihn betrachtet und „liest". Die Erwachsenen, seien es Fachkräfte oder Eltern, entnehmen dieser „Infowand", wer wann geboren ist, wie alt die Kinder aktuell sind und in welcher Reihenfolge die Geburtstagstermine aufeinander folgen. Immerhin wird so mancher Tagesablauf von diesen Terminen berührt.

Kinder dagegen betrachten in ihrem Bild *sich selbst*, aber auch die anderen Kinder der Gruppe: Kinder, die ihnen nahe oder weniger nahestehen, mit denen sie vielleicht schon kleine Freundschaften pflegen oder auch Konfliktsituationen erleben. Die visuelle Wahrnehmung verknüpft sich immer auch mit emotionalem Nacherleben. Geburtstagstermine spielen für kleine Kinder noch keine besondere Rolle. Sie sind mit der primären Ebene der Wahrnehmung beschäftigt und hier besonders mit der zentralen Frage: „Wo bin *ich*?", gefolgt von der immer wieder gerne gehörten Versicherung „Da bist du!".

Wie lassen sich die Geburtstage für die kindliche Wahrnehmung ins Spiel bringen und erlebbar machen? Heften wir am Geburtstag einen Papierkuchen aus Tonpapier (mit der entsprechenden Anzahl von Kerzen), zur jeweiligen Fotografie. Das Geburtstagskind wird dies mit großer Freude bemerken und die anderen Kinder können so ablesen, wer heute an der Reihe ist.

Ein Jahr hat viele Geburtstage

Eine einfache zeitchronologische Gestaltung unseres Geburtstagskalenders stellt nicht nur die Gruppe und ihre einzelnen Mitglieder dar, sondern symbolisiert auch die Zeit und ihren Verlauf. Ein Geburtstagstermin folgt auf den anderen und so zieht der Zeitraum eines Jahres an uns vorbei, denn einmal im Jahr hat *jedes Kind* Geburtstag.

Wie lässt sich der Verlauf eines Jahres am sinnfälligsten abbilden? Hier gibt uns der Wechsel der Jahreszeiten mit seiner elementaren Struktur, seinen deutlichen Bildern eine für die Altersstufe passende Gestaltungsmöglichkeit. Frühling, Sommer, Herbst und Winter erleben die Kinder direkt und verbinden so bereits Erinnerungen und Erwartungen an diese unterschiedlichen Zeiten im Jahr.

Mit wachsendem Zeitverständnis spielen die verschiedenen Merkmale der Zeiteinteilung – Tage, Wochen, Monate – eine immer größere Rolle. Feinere Zeiteinteilungen bis hin zum Interesse für die Uhrzeit werden also erst ab dem dritten Geburtstag bedeutsam.

Gestaltungsideen mit linearer Ausrichtung, etwa ein Geburtstagszug mit zwölf Anhängern, ein Waggon für jeden Monat, sind auch für kleine Kinder sehr gut „lesbar". Hier wird das Jahr mit seiner

Abfolge der Monate schlüssig symbolisiert und die Kinder begreifen ganz un-
mittelbar, wann sie selbst und ihr Geburtstag an der Reihe sind. Jenseits großer
Erklärungen werden hier in einfacher Weise so elementare Zeitvorstellungen wie
Vergangenheit, Gegenwart und Zukunft sichtbar.

**Ein Jahresverlauf muss nicht zwingend von Januar bis Dezember dargestellt
sein. Vielleicht wäre es näher an der vom Kind erlebten Wirklichkeit, sich an
das Kitajahr anzulehnen und den Kalender nach den Sommerferien beginnen
zu lassen.**

Portrait- und Entwicklungsgalerie

Wir können durchaus auch einen anderen Schwerpunkt als den kalendarischen
Zeitverlauf wählen und die Kinder selbst in den Vordergrund stellen, wenn es
sich dabei auch nicht um einen *Kalender* im eigentlichen Sinne handelt. Auch
eine ansprechend gestaltete Fotowand mit Portraits der Kinder bereichert den
Raum sowie Wahrnehmung und Verständnis der Kinder. Alle Mitglieder der Gruppe finden hier ihren Platz. Die Kinder sehen und verinnerlichen: Jedes einzelne
Kind ist ein wertvoller Teil der Gruppe und gleich wichtig. Da die Fotografien nicht
chronologisch angeordnet sind, informiert die Fotowand nur die Erwachsenen
jederzeit über das Alter und die einzelnen Geburtstage, denn bei jedem Foto
steht auch der entsprechende Geburtstagstermin.

Um diesen Termin für die kindliche Wahrnehmung zu verdeutlichen, benutzen wir ein Sinnbild wie etwa unseren Kuchen samt Kerzen aus Tonpapier. Als
Symbol markiert er das jeweilige Geburtstagskind und hebt es an seinem Ehrentag ein wenig aus der Gruppe heraus.

Ein schöner Impuls ist, den Geburtstagskalender „mitwachsen" zu lassen und
so die Entwicklung der Kinder zu dokumentieren. Jedes Jahr werden im „Foto-
studio" der Kita neue Fotos der Kinder angefertigt und zu den vorangegangenen
geklebt. Gerade im Alter zwischen ein und drei Jahren verändern die Kinder ihr

Aussehen erheblich. Diese Zeit, die von großen Entwicklungsthemen und rasantem Entwicklungstempo gekennzeichnet ist, lässt aus „Babys" Kinder werden.

Kleine Kinder verfügen oft noch über kein sicheres visuelles „Selbstbild". Immer wieder lässt sich beobachten, dass sie sich auf Fotos selbst nicht sicher erkennen. Die Spiegelung der eigenen Erscheinung, der Vergleich mit Fotos der anderen Kinder festigt die Vorstellung von sich selbst. Die vage kindliche Erinnerung an das vergangene Kitajahr und den eigenen Entwicklungsweg in dieser Zeit lassen sich ebenfalls an den früheren Fotografien festmachen. Ein kleiner, aber wirksamer Beitrag zur Bildung und zum Verständnis der eigenen Biografie.

Erinnerungsbilder

Da der eigene Geburtstag von Kindern meist intensiv und freudvoll erlebt wird, bleiben die Ereignisse rund um diesen besonderen Tag lange lebendig. Wir unterstützen die kindliche Erinnerung und machen von jedem Kind in einer bestimmten Situation ein Foto, etwa beim Auspusten der Kerzen auf dem Geburtstagskuchen. All diese Schnappschüsse werden kunterbunt auf einen großen Bogen Fotokarton geklebt. Nach und nach füllt sich das Format.

In niedriger Höhe angebracht, wird diese kleine Fotowand oftmalig betrachtet. Die Kinder kehren mit ihrem Blick und mit ihrer Erinnerung immer wieder zurück zum eigenen, aber auch zu den Geburtstagen der anderen Kinder. Erinnerung braucht Bilder!

„Spieglein, Spieglein an der Wand"

Verwenden wir einen Gedanken darauf, wo bzw. wie exponiert wir den Geburtstagskalender anbringen. Gerade bei Kindern im Alter von eins bis drei neigen Eltern dazu, den Entwicklungsstand ihrer Kinder zu vergleichen. „… dieses Kind kann schon laufen, obwohl es zwei Monate jünger ist als meine Tochter." oder „Mein Sohn spricht schon viel besser als seine gleichaltrigen oder jüngere Kitafreunde." … Auch die „Sauberkeitsentwicklung" wird leider immer noch häufig von unangemessenen Vergleichen begleitet. Dieser für Eltern und Kinder wenig förderlichen Stimmung wollen wir kein Forum bieten. Geht es doch gerade darum, den Kindern die Möglichkeit für *ihre* Entwicklung in der für sie passenden Zeit und Reihenfolge zu bieten, frei von Erwartungsdruck und Konkurrenz. Wir freuen uns mit Eltern und Kindern über jeden einzelnen Entwicklungsschritt und vertrauen auf den nächsten.

Der richtige Platz für unseren dekorativ gestalteten Geburtstagskalender wird also kaum der Garderoben- oder Ankunftsraum sein. Besser aufgehoben und auch aktiver im Geschehen ist er im Gruppenraum bzw. Speiseraum der Kita. Im Zweifelsfall sind die Eltern hier nicht alleine und so können Vergleichs- oder Konkurrenzimpulse im direkten Gespräch mit dem Fachpersonal relativiert werden. Denn wir wissen, Geburtstage stellen letztlich doch eher grobe Wegmarken dar in der fließend und höchst individuell verlaufenden kindlichen Entwicklung.

Bausteine eines gelungenen Geburtstagsrituals

Eine kindgemäße Festtradition entwickeln

Im Rahmen des allgemeinen Brauchtums bildet sich in jeder Kita eine eigene Festidee heraus. Da geht es nicht um große Dinge, sondern vielmehr um die stimmige Auswahl und Anordnung kleiner Festbausteine, ihre immer wiederkehrende Reihenfolge und eine bestimmte innere Haltung zum Thema. Im Team überlegen wir gemeinsam, wie wir Geburtstagsfeiern anlegen möchten:

Strukturfragen:

- Terminabsprache
- Planung und Vorbereitung
- Zeitplanung
- Einbettung der Feier im Tagesablauf
- Elternbeteiligung und Information
- Fotodokumentation
- Personalplanung

Gestaltungsfragen:
- Tisch- und Raumdekoration
- Kuchen und Kerzen
- Wahl des Geburtstagsliedes
- Evtl. weitere Festbausteine
- Festablauf und -regie

Reflexionsfragen:
- Innere Sicht auf das Thema
- Persönliche Erwartungen und Erinnerungen
- Geschmacksfragen besprechen und angleichen
- Erwartungen des jeweiligen Geburtstagskindes
- Berücksichtigung der Gruppe
- Problematische Situationen vorbesprechen

Den Mittelpunkt der Planungen bilden die Bedürfnisse und die Erwartungen der Kinder. Bieten wir dem einzelnen Geburtstagskind und der Gruppe verlässliche Rituale, Aufmerksamkeit und Wertschätzung. Im Fokus unserer Überlegungen stehen das Alter und die individuelle Persönlichkeit jedes Kindes. Anstelle von „Gleichbehandlung" kommt damit eine tiefere Gerechtigkeit im Sinne von „gerecht werden" ins Spiel.

Kleine Kinder brauchen Rituale

Ein verlässlicher Rahmen mit sich wiederholenden Strukturen und Merkmalen geben Halt und Orientierung. Kleine Kinder brauchen beides: einen stabilen, belastbaren Rahmen *und* viel Freiraum, um sich selbst und verschiedene Handlungs- und Lösungsstrategien auszuprobieren und Erfahrungen aller Art sammeln zu können. Kinder lernen durch „immer wieder tun". Ein gleichbleibender Tagesablauf, Wiederholungen und Rituale entsprechen dem kindlichen Bedürfnis nach Verlässlichkeit in idealer Weise. Wiederkehrende Situationen, Spiele und Lieder werden immer wieder begeistert aufgegriffen und so vertieft.

Gerade im Rahmen der verschiedenen Feste führen wir die Kinder an sozusagen „allgemein gültige" Rituale heran, die sie langsam verinnerlichen. Hier ist zu bedenken, dass sich besonders beim Geburtstagsthema einmal gesetzte Impulse rasch als unveränderbare „Pflichtübung" etablieren. Die Kinder warten dann schon auf ein bestimmtes Lied, eine immer wiederkehrende Deko oder ein Geschenk.

Rituale sollten verlässlich und dennoch nicht starr sein. Bewährt sich eine Festidee in der Praxis nicht oder erweist sie sich für eine bestimmte Altersstufe als unpassend, so sollten wir sie behutsam abändern und der kindlichen Realität anpassen.

Eigene Erwartungen und Professionalität

Oft folgt man sein ganzes Erwachsenenleben lang den schönen Erlebnissen oder erlebten Defiziten rund um den eigenen Geburtstag. Während schöne Erinnerungen rituell wiederholt und innerhalb von Familie oder Freundeskreis weitergegeben werden, versucht man weniger schöne Erinnerungen zu kompensieren, etwa wenn der eigene Geburtstag vergessen oder nicht angemessen gewürdigt wurde.

Aus diesen frühen Prägungen lässt sich für die Praxis von Kindergeburtstagen zweierlei ableiten: Auf der einen Seite sollten die persönlichen Erwartungen der Erwachsenen gut reflektiert und in einer professionellen Haltung von den Bedürfnissen der Kinder und der Kita getrennt wahrgenommen werden. Auf der anderen Seite sollte das Bewusstsein vorhanden sein, dass wir Erwachsenen zur Prägung der uns anvertrauten Kinder ganz entscheidend beitragen. Diese Fragen sind gerade bei kleinen Kindern von Bedeutung. Wie bei allen Festen geht es hier um erste Eindrücke und Erlebnisse. Für kleine Kinder ist alles neu! Grundsteine für spätere Erinnerungen und Erwartungen werden gelegt und spätere Wunschvorstellungen spiegeln das, was wir den Kindern als Ritual anbieten: Wie wird der eigene Ehrentag begangen und mit welcher Bedeutung wird der Festanlass aufgeladen? Überlegen wir uns also genau, ob wir dem Kindergeburtstag einen materiellen, emotionalen, familiären, turbulenten oder eher geruhsamen Charakter verleihen – oder eine gesunde Mischung von allem!

Das Geburtstagslied

Unverzichtbar bei jeder Geburtstagsfeier, und sei sie noch so klein, ist das Geburtstagslied. Gemeinsames Singen drückt Freude und Fröhlichkeit auf wunderbare Weise aus und verbindet die einzelnen Kinder zu einer Gruppe. Kleine Irritationen und eventuelle Spannungen lösen sich spielerisch auf.

„Happy birthday" wird auf der ganzen Welt gesungen, dabei muss es nicht immer dieses unverwüstliche Lied sein (Beispiele für Geburtstagslieder siehe Seite 48ff). Wählen wir aus den geläufigen und weniger bekannten Melodien ein oder zwei Lieder aus und verbinden diese mit anderen Festbausteinen zu einem stimmigen Ritual mit klarem Ablauf. Eine musikalische Gratulation zur Einstimmung am Beginn der Feier und eine Wiederholung oder ein weiteres Lied als Abschluss geben unserem Fest einen schönen Rahmen.

Die größeren Kinder kennen das Ständchen schon recht gut und singen eifrig mit. Die Jüngeren werden das Geburtstagslied durch häufige Wiederholung ebenfalls bald erinnern und mitsingen – anfangs lautmalerisch und dann immer deutlicher den Text formulierend. Mitklatschen oder die Begleitung mit stimmigen Gesten unterstützt die Kinder in ihrer Text- und Melodiesicherheit und bringt überdies Bewegung in die kleine Festgesellschaft. Ist ein Geburtstagslied gut bei den Kindern verankert, wird es immer wieder auch ohne direkten Anlass erklingen, aus Freude am Lied und in guter Erinnerung an ein gelungenes Fest – vielleicht im Sandkasten, wenn für eine imaginäre Geburtstagstafel frischer Sandkuchen gebacken wird.

Ohne Geburtstagskuchen geht es nicht

Die sprichwörtliche „Geburtstagstorte" mit viel Sahnecreme und buntem Zuckerwerk als Verzierung spielt für kleine Kinder noch keine Rolle. Dafür steht traditionell und sehr zur Freude aller Kinder der (selbstgebackene) Geburtstagskuchen im Mittelpunkt jeder Geburtstagsfeier. Der Kuchen symbolisiert die Besonderheit des Tages und zeigt die Bemühung der Eltern (oder der Erzieherinnen) um das Geburtstagskind. Ist der Kuchen selbstgebacken und liebevoll verziert, sind die Zwei- und Dreijährigen schon sehr stolz und betonen unermüdlich: „... hat *meine* Mama gemacht".

Oft verfliegt die Freude beim Verzehr des Gebäcks ein wenig, denn nicht jedes kleine Kind liebt Kuchen. Manchen gefällt die Konsistenz des Backwerks nicht, andere zerbröseln den Kuchen mehr, als dass sie ihn essen, oder sie beklagen sich über klebrige Finger. Selbstverständlich gibt es auch ausgesprochene Liebhaber von süßem Gebäck. Da kann es passieren, dass sich die Kinder den Mund übervoll stopfen, gar nicht mehr schlucken können und trotzdem schon nach einem neuen Stück verlangen. Ob der Kuchen nun gut oder weniger gut bei den Kindern ankommt, wir sollten einfach nur wissen, dass die zentrale Bedeutung des Geburtstagskuchens in seiner Symbolkraft liegt und der kulinarische Genuss von nachrangiger Bedeutung ist. Ist der Geburtstagskuchen besonders gut gelungenen und schmeckt er allen Kindern – umso besser!

Backe, backe Kuchen

In vielen Einrichtungen und Kindergruppen hat sich eingebürgert, den Geburtstagkuchen von den Eltern mitbringen zu lassen. Schon bei der einführenden Informationsveranstaltung teilen wir den Eltern mit, in welchem Rahmen und in welcher Form in Kita und Kindergruppe Geburtstage gefeiert werden. Ob Eltern einen Kuchen mitbringen möchten, besprechen wir konkret im Vorfeld des Festtermins.

Ein „Kuchen von Mama" wird von Kindern meist hochgeschätzt und verbindet überdies in schöner Weise das Geschehen in der Familie mit dem in der Kita.

Als Anregung für die Eltern kann eine kleine Rezeptsammlung samt Tipps zur Gestaltung vorbereitet werden. Übermitteln wir den Wunsch nach einem selbstgebackenen Kuchen aber mehr als Angebot denn als Pflichtübung. Eltern sollten selbstverständlich auch die Möglichkeit haben, einen gekauften Kuchen mitzubringen. Denn oft reicht die Zeit von berufstätigen Eltern nicht, auch ist nicht jeder ein Backstubenprofi! Und niemand wird „schief angesehen", wenn er eine andere Lösung als den hausgemachten Geburtstagskuchen bevorzugt. Entscheidend ist ohnehin die innere Verbindung des Kindes zu *seiner* Geburtstagsbäckerei. Es macht eben einen Unterschied, ob ein Kuchen, sei er nun selbst gebacken oder gekauft, gemeinsam mit dem Kind feierlich überreicht wird oder lieblos in einer Plastiktüte auf der Küchentheke abgestellt wird.

Es empfiehlt sich, in der Kita für alle Fälle stets einen abgepackten Kuchen und ein kleines Sortiment von Geburtstagskerzen vorrätig zu halten. Sollten Eltern einmal den angekündigten Kuchen vergessen, kann die Situation für das Geburtstagskind und die ganze Gruppe ohne große Umstände gerettet werden.

Ob als eigenständige „Tradition des Hauses" oder als „Notbehelf": Am Vortag eines Geburtstags mit den Kindern gemeinsam einen schönen Kuchen zu backen und zu verzieren, birgt eine Reihe schöner Impulse. Die kleinen Bäcker sind mit allen Sinnen dabei, stellen praktisch etwas her, erfahren einiges über Küchen- und Backgeheimnisse und erleben einen wichtigen Teil der Festvorbereitung direkt mit. Hier darf das Geburtstagskind gerne dabei sein, denn der Überraschungsaspekt spielt in dieser Altersstufe noch keine große Rolle – im Gegenteil: Gerade weil die Kinder wissen, was auf sie zukommt, entsteht Vorfreude und eine leichte Spannung. Lassen es die zeitlichen und personellen Ressourcen zu, stürzen wir uns ins Backabenteuer in der Kita. Der verführerische Duft aus der Kinderbackstube zeigt den Kindern an: Morgen ist Geburtstag!

Backstuben-Praxis mit kleinen Kindern

Gute Planung ist beim gemeinsamen Backen mit Ein- bis Dreijährigen ganz wichtig. Wir können die Kinder kaum allein lassen, um beispielsweise eine fehlende Zutat herbeizuholen. Auch ist die Aufmerksamkeitsspanne der Ein- bis Dreijährigen begrenzt. Durch gute Vorbereitung verkürzt sich die Beschäftigungsdauer. Der Arbeitsablauf wird flüssig und damit gut nachvollziehbar. Die Kinder bleiben mit ihrer Aufmerksamkeit bei der Sache und wir gewährleisten unsere permanente Präsenz und Zuwendung. Auch bei sorgfältiger Vorarbeit wäre es ideal, wenn eine Kollegin bei Bedarf im Hintergrund assistieren könnte.

Checkliste für entspanntes Backen mit den Kleinsten

- Zutaten von guter Qualität kaufen. (Eier aus dem Bioladen!)
- Sämtliche Zutaten und Gerätschaften (Schüssel, Schneebesen, Teigschaber …) bereitstellen.
- Zutaten vorher abwiegen und jeweils in ein Schälchen füllen.
- Besondere Vorsicht mit rohen Eiern (Salmonellengefahr!)
- Arbeitsablauf gut und vorausschauend planen.
- Eine sichere Abstellmöglichkeit für nicht mehr benötigtes Gerät vorbereiten.
- Separater Arbeitsplatz, für Kinder räumlich klar erkennbar.
- Eventuell Backschürzen für die Kinder bereithalten.
- Zahlenmäßige Beschränkung der Mithelfer, empfohlen sind 3 bis 4 Kinder.

Gestaltung des Geburtstagskuchens

Der Klassiker unter den Geburtstagskuchen ist sicherlich der Guglhupf, mit Schokoguss überzogen und mit bunten Schokolinsen verziert. Der Teig für diesen Napfkuchen ist ein lockerer Rührteig in der Variation als Marmor-, Nuss-, oder Zitronenkuchen. Schokoladenteig eignet sich weniger gut, da die Glasur über dem dunklen Teig für Kinderaugen nicht so wirkungsvoll erscheint.

Sehr gut geeignet ist auch eine runde Springform als Kranz. Hier wird der Teig weniger hoch eingefüllt und so ergeben sich kleinere und damit kindgerechtere Stücke. Von nicht so geübten Bäckern und Bäckerinnen kann der lockere Teig einfach in der runden Springform oder einer kleinen Kastenform gebacken werden. Entscheidender als die Kuchenform sind für die Kinder ohnehin Dekoration und Präsentation des Kuchens.

Groß in Mode sind heute Muffins, die ebenfalls aus den verschiedenen Rührteigen hergestellt werden. In bunten Papierförmchen gebacken, sind sie bei den Kindern sehr beliebt. (Die kleinen Kerzen werden jeweils in einen der kleinen Kuchen gesteckt.) Bei der Gestaltung dieses symbolischen und kulinarischen Höhepunkts der Geburtstagsfeier kommt es nicht auf Originalität und Abwechslung an, Kinder wollen den Kuchen auf der Festtafel geradezu archetypisch als Geburtstagskuchen erkennen. Ein Wunsch nach Abwechslung und Veränderung sollte, wenn überhaupt, vom Kind ausgehen und nicht etwa von Eltern und Erziehern vorweggenommen werden. Wir vertrauen vielmehr der Symbolik, den einfachen Zutaten sowie der Erwartung der Kinder und ihrer Freude. Bleiben wir ganz bewusst im von uns gesteckten, kindgerecht-schlichten Rahmen einer kleinen stimmigen Geburtstagsfeier.

... ein Wort zu „Smarties"

Die Erfahrung mit unzähligen „klassischen" Geburtstagskuchen hat gezeigt, dass die Verzierung mit bunt glasierten Schokolinsen für die Kinder oft mehr Bedeutung erlangt als der Kuchen selbst und oft sogar mehr als die Kerzen. Kaum ist das süße Kunstwerk auf die Geburtstagstafel gestellt, rufen einzelne Kinder „Ich will ein rotes!" oder „Ich will pink!" Häufig führen diese Begehrlichkeiten zu einer wenig feierlichen Stimmung und man hat Mühe, dem Geburtstagskind die notwendige Ruhe und Aufmerksamkeit zu schenken.

Nachdem der Kuchen möglichst gerecht verteilt ist, also mit wenigstens einem farbigen Zuckerbonbon pro Portion, kann es vorkommen, dass nur die

Verzierung gegessen und der Kuchen – mag er noch so lecker sein – verschmäht wird. So lautete die aufschlussreiche Nachfrage eines dreijährigen Mädchens etwa: „Ich möchte noch ein Smarties mit Kuchen!"

Dieser „Verteilungsstress" am Geburtstagtisch ist leicht zu vermeiden. Die einfachste Methode ist, auf zusätzliche Verzierung einfach zu verzichten. Nach dem Motto „Was ich nicht weiß, macht mich nicht heiß!" entsteht durchaus kein Defizit. Wer auf das süße Dekor ungerne verzichten möchte, kann die Schokoglasur über dem Kuchen mit kleinen bunten Zuckerperlen oder -streuseln *flächig* bestreuen. Diese einfache Maßnahme wirkt Wunder, entspannt die Stimmung an der feierlichen Tafel und gefällt den Kindern mindestens ebenso gut. Diesen Tipp kann man auch an Eltern weitergeben.

Und was tun, wenn der Geburtstagskuchen zwar genau dem Klischee – also Schokoglasur mit bunten Schokolinsen – entspricht, aber zu wenige Smarties für alle Kinder aufgebracht sind? Hier darf im Interesse der kleinen Festgäste ein wenig „geschummelt" werden. In unserem Vorratsschrank befindet sich stets eine Packung dieser bunten Bonbons, so dass wir jedes neue Kuchenportionsstückchen mit einer der begehrten Süßigkeiten vervollständigen können. So steht einem entspanntem Genuss und damit einer schönen Geburtstagsfeier nichts mehr im Weg.

Kerzenlicht mit Symbolkraft

Kerzen zählen die Jahre

Ein Kuchen wird erst durch die Kerzen zum Geburtstagskuchen. Für jedes Lebensjahr wird eine kleine Kerze aufgesteckt, entweder in kleine Kerzenhalter, die es aus Plastik zu kaufen gibt, oder direkt in den Teig. Wichtig ist, dass die Kerzen nicht tropfen und zu rasch herunterbrennen. Auch sogenannte Zauberkerzen sind unpassend, denn die Kinder möchten die Kerzen ja auspusten und sollen dabei nicht scheitern.

Haben kleine Kinder einmal erfahren, wie leicht Kerzenflammen auszupusten sind und wie groß der Spaß dabei ist, können sie kaum widerstehen, auf brennende Flammen zu pusten – ob sie nun an der Reihe sind oder nicht. Darauf reagieren wir mit Verständnis und entzünden die Kerzen gerne ein weiteres Mal. Erst langsam wachsen die Kinder in den Festablauf hinein und lernen „schweren Herzens", dem Geburtstagskind beim Auspusten den Vortritt zu lassen.

Als Ergänzung zu den Lichtern auf dem Geburtstagskuchen können weitere Kerzen aufgestellt werden. Eine Kerzenspirale oder -kreis, aber auch ein kleiner Holzzug mit Kerzen auf den Waggons oder eine Geburtstagsraupe leisten hier gute Dienste. Wieder werden jeweils so viele Kerzen entzündet, wie das Kind Jahre zählt. Der Vorteil zusätzlicher Kerzen ist offensichtlich: Nachdem die Flammen auf dem Geburtstagskuchen ausgepustet sind, ist es einfach schön, wenn für die gesamte Dauer der Feier zu Ehren des Geburtstagskindes eine oder mehrere Kerzenflammen weiter brennen. Am Ende der Feier bläst das Geburtstagskind unter dem fröhlichen Applaus der ganzen Gruppe auch diese Kerzen aus.

  Wir sollten in der Gruppe stets einige Ersatzkerzen für den Geburtstagskuchen bereithalten. Denn manchmal wird diese wichtige „Zutat" von den Eltern vergessen. Auch an ein funktionierendes Feuerzeug oder Zündhölzer muss rechtzeitig gedacht werden!

Große Geburtstags- oder Lebenskerze

Eine Variante mit schöner Symbolkraft ist die große Geburtstagskerze. Da diese Kerze für das Leben steht, wird sie auch Lebenskerze oder Lebenslicht genannt. Diese „Lebenskerze" wird in der Kita an einem würdigen Platz und für die Kinder stets sichtbar aufgestellt, vielleicht sogar in einer kleinen Glasvitrine. Zu jedem Geburtstag wird sie auf einem niedrigen Kerzenständer oder in einer flachen Schale aus nicht brennbarem Material auf die Festtafel gestellt und zu Ehren des jeweiligen Kindes feierlich entzündet.

Wir verwenden eine dicke, hohe Blockkerze, die schon aus sich heraus bereits eine magische Wirkung entfaltet. Gemeinsam mit den Kindern aufgebrachte bunte Klebewachselemente können für zusätzlichen Schmuck sorgen. Durch diese Lebenskerze erleben die Kinder deutlich den Unterschied zwischen Alltag und besonderem Anlass. Am langsamen Abbrennen der Kerze können sie überdies die schon vergangenen Geburtstage „ablesen" und erinnern. So schlägt die große gemeinsame Geburtstagskerze eine Brücke vom individuellen Fest hin zur erweiterten Bedeutung des Festes für die ganze Gruppe.

Die große Geburtstagskerze findet auch im weiteren Tagesablauf Verwendung. Immer, wenn wir jenseits der eigentlichen kleinen Feier auf den besonderen Anlass des Tages zurückkommen möchten, sei es im Rahmen des Morgenkreises oder bei einer weiteren Mahlzeit, nehmen wir das Lebenslicht dazu. Um die besondere Wertschätzung des Geburtstagskindes den ganzen Tag über zu zeigen, sind nicht unbedingt große Worte notwendig. Schon das Herbeiholen und Entzünden dieses Lichts erinnert an den Festanlass. Brennt diese ganz besondere Kerze, so zeigt sich die Verbindung zum Geburtstagskind schlicht und still, aber deshalb nicht weniger wirkungsvoll. Und wer darf sie wohl auspusten? – Natürlich das Geburtstagskind!

Kerzenlicht und Sicherheit

Bevor die Kerzen entzündet werden, vergewissern wir uns, dass alles Nötige im Raum vorbereitet ist. Kinder dürfen *niemals* allein mit brennenden Kerzen oder Anzündern sein – keinen noch so kurzen Moment. Brennende Kerzen dürfen sich nicht über den Kindern befinden. Plötzlich herabtropfendes Wachs kann zu großem Schrecken und bösen Verbrennungen führen. Zur Sicherheit steht immer ein Eimer mit Wasser bereit.

- Kinder NIE allein mit brennenden Kerzen lassen.
- Anzünder außerhalb der Reichweite der Kinder verwahren.
- Sicherheitsabstand zwischen Kindern und Flamme einhalten.

- Vorsicht beim Auspusten: Kinder beugen sich über die Kerzen (Haare!).
- Niedergebrannte Kerzen frühzeitig auswechseln.
- Für den Notfall vorsorglich Wasser bereitstellen.
- Erste Hilfe bei Verbrennungen griffbereit vorhalten.
- Verhaltensmaßnahmen im Notfall regelmäßig im Team besprechen.

Rund um das Geburtstagsgeschenk

Für und Wider Geschenke in der Kita-Gruppe

Geburtstagsgeschenke sind die einzigen Gaben, die nicht von einer äußeren, geheimnisvollen Instanz kommen wie etwa beim Nikolaus-, beim Weihnachts- und Osterfest. Nein, hier werden die Kinder nicht „von oben" beschenkt, sondern die Gaben kommen direkt von ihrer Familie oder ihren Freunden und sind ausschließlich an das Kind als Person adressiert.

So selbstverständlich Geschenke von Eltern für ihre Kinder und kleine Mitbringsel zu Einladungen zum Kindergeburtstagsfest zu Hause sind, so frei sind wir in der Kita, uns *für* oder auch *gegen* Geschenke zum Geburtstag zu entscheiden. Ob wir die Feier in der Gruppe nun mit kleinen Gaben für das Geburtstagskind gestalten oder ganz darauf verzichten, ist letztlich Geschmackssache. Dennoch lohnt es, sich im Kita-Team Gedanken rund um diesen „materiellen Baustein" der Festgestaltung zu machen.

Schenken und Beschenkt-Werden bietet Lernerfahrungen

Geschenke und kleine Aufmerksamkeiten zum Geburtstag sind Tradition. Diese schlichte Aussage kann jedoch nicht ausschlaggebend sein für die Entscheidung, wie man es in der Krippe handhaben will. Überzeugender sind pädagogische Überlegungen und Rückschlüsse aus vielfältiger Praxiserfahrung zum Thema „Schenken".

Übergeben wir dem Geburtstagskind im Namen der ganzen Gruppe an seinem Festtag ein kleines Präsent, so zeigen wir ihm unsere Wertschätzung auch in materieller Form. Beide Aspekte des Schenkens – Geben und Nehmen – werden erfahrbar. Die Kinder der Gruppe erleben, was es heißt, etwas herzugeben und selbst nichts, auch nichts im Gegenzug „dafür" zu erhalten. Das Geburtstagskind erfährt, was es bedeutet und wie es sich anfühlt, eine Gabe zu bekommen. Die Erfahrung des Dankes, ob explizit formuliert oder unausgesprochen empfunden, wird hier ebenfalls berührt. Der Beschenkte lernt aber auch mit eventueller Enttäuschung umzugehen, wenn die Gabe nicht genau dem Gewünschten entspricht oder weniger ist als erwartet.

Offensichtlich können Geschenke beim Geburtstagsfest in einer Kindergruppe also recht zwiespältig sein und kleine Kinder leicht überfordern. Darüber hinaus haben Geschenke begreiflicherweise die Eigenschaft, sowohl die Erwartungen der Kinder als auch den Festablauf zu dominieren.

Geschenke prägen Erwartungshaltungen

Wir sollten uns darüber im Klaren sein, dass wir durch die materielle Komponente der Geburtstagsfeier den Wunsch nach Geschenken erst in die Welt setzen. Dabei geht es auch sehr gut ohne! Gibt man also ein Geschenk, so wird es fast unweigerlich zum stärksten Impuls der kleinen Geburtstagsfeier. Lässt man Geschenke hingegen weg, entsteht bemerkenswerter Weise kein Defizit. Da praktisch alle Kinder von ihren Eltern und Großeltern zum Geburtstag Geschenke erhalten, entgeht den Kindern keineswegs ein wichtiger Baustein des üblichen Brauchtums, wenn wir in der Kita auf diesen Aspekt verzichten.

Der Verzicht auf Geschenke kann sogar entspannend wirken, da der Blick auf das Erleben des festlichen Zusammenseins, die guten Wünsche und das Geburtstagsständchen frei bleibt. Wir eröffnen den Kindern in der pädagogischen Einrichtung so eine andere Erfahrungsmöglichkeit und vermitteln, dass *Qualität* nicht unbedingt von *Haben* kommt. Und das ist keine Kleinigkeit! Denn Freude und Dankbarkeit zu empfinden, Nehmen und Geben jenseits der materiellen Ebene, sind fundamentale Bausteine einer mitmenschlich geprägten, sozialen Gemeinschaft.

Die Entscheidung liegt bei uns

Die Entscheidung für oder gegen Geschenke in der Kita sollte inhaltlich und emotional gut fundiert sein, dann kann sie von allen Mitarbeiterinnen auch konsequent in der Realität umgesetzt werden. Die gewählte Variante sollte dann allerdings beibehalten werden und steter Bestandteil der Geburtstagstradition der Kita sein, zumindest für den Lauf eines Jahres. Jedes Festgeschehen wird rasch zum Ritual. Die Kinder wissen bald, was auf sie zukommt, und erwarten auch Geschenke mit Spannung und Vorfreude – oder eben nicht. Die Berechenbarkeit der Ereignisse schmälert die Freude der Kinder nicht. Im Gegenteil, sie gibt den Kindern die nötige Sicherheit, um dem besonderen Anlass und der ungewohnten Situation gut vorbereitet gegenübertreten zu können.

Da Kinder meist mehrere Jahre in der Kita verbringen, dort also auch ihren Geburtstag öfter feiern, ist zu überlegen, ob das Festritual über die Jahre hinweg stabil bleiben soll. Werden doch die Kinder von den vorangegangenen Erlebnissen geprägt. Schon die Jüngsten verfügen über Erinnerungen an all die Geburtstagsfeiern während des Jahres. Je älter die Kinder sind, um so mehr können sie ihre Wahrnehmungen verbalisieren und sie uns verständlich machen. Erinnerungen schaffen Erwartungen!

Alle bekommen das gleiche Geschenk

Entscheiden wir uns im Team für kleine Geschenke zum Geburtstag, sollte dies vom Ablauf, aber auch von der Wahl der Präsente her kind- und gruppengerecht gestaltet werden. Um die Balance der einzelnen Festbausteine ausgeglichen zu halten, achten wir darauf, dem erwarteten oder gewünschten Geschenk keine allzu große Bedeutung zuzumessen. Nicht zuletzt deshalb bekommt jedes Kind zu seinem Geburtstag das gleiche Geschenk, doch können die Präsente altersabhängig variieren. Die ein-, zwei- und dreijährigen Kinder bekommen jeweils das gleiche Geschenk. So werden auch Zeitverlauf und das Älterwerden anhand der bekannten Gaben für die Kinder nachvollziehbar. Sie erhalten Symbolcharakter und sind Teil des Festrituals. Individuelle Geschenkinhalte sind dagegen kaum zu empfehlen. Die Wahl und Herstellung passender Geschenke für jedes

Kind birgt oft eine Überforderung des Teams. Und zu leicht landen die Ideen auch bei banal geschlechtsspezifischen Geschenken: Autos für die Jungs und Puppen für die Mädchen – eine wenig überzeugende Praxis.

Kinder bis drei Jahre befinden sich in einer noch elementaren Erfahrungswelt. Im Vordergrund steht die Tatsache und Freude darüber, *etwas ganz persönlich* zu erhalten. Das stellt für kleine Kinder die eigentliche Sensation dar. Auf die Frage „Was wünscht du dir zum Geburtstag?" kommt nicht selten die schlichte Antwort „Ein Päckchen!". Hier teilen uns die Kinder unbewusst ihr Erleben mit. Der Inhalt des „Päckchens" ist oft noch gar nicht *so* wichtig. Dennoch soll die kleine Gabe natürlich dem kindlichen Geschmack entsprechen.

Die Formung individueller Wünsche beginnt in der Regel rund um den dritten Geburtstag. Zu diesem Zeitpunkt ist die Tradition des Geburtstagsgeschenkes schon fest im Bewusstsein der Kinder verankert und mit eigenen oder von den Eltern nahegelegten Wünschen verknüpft. Mancher Wunschtraum, etwa der nach einem richtigen Pferd, muss dabei schonend in realistische Dimensionen geholt werden. Denn auch Wünschen will gelernt sein!

Geschenke basteln – Geschenke aussuchen

Geschenke innerhalb der Kindergruppe am Vortag des Festes gemeinsam zu basteln, setzt einen sehr schönen Impuls. Einige Kinder ziehen sich mit der Erzieherin in einen Raum zurück, um für das bevorstehende Geburtstagsfest ein kleines Präsent zu basteln und anschließend hübsch zu verpacken. Wir binden die Schleife dabei ohne Knoten und verzichten auf Klebestreifen. So kann das Geschenk leicht ohne Hilfe geöffnet werden.

Für die Kinder wird neben dem praktischen Tun für das Geburtstagskind auch der Aspekt von Geheimnis und Überraschung erfahrbar. Wir bitten die Kinder mit verschwörerischer Miene, nichts von dem Geschenk zu verraten. Dass dies in der Regel noch nicht klappen wird, ist nicht schlimm. Es geht um die kleine Spannung, die in der Luft liegt. Und das genießen die älteren Kinder durchaus.

Die Geschenke-Kiste

Die Variante der Geschenkkiste kennen Kinder oft vom Zahnarzt, wo man sich nach der Behandlung eine kleine Belohnung aus einer Schublade oder einer Kiste aussuchen darf. Am Geburtstag geht es Gott sei Dank nicht um überstandene Ängste, sondern um die reine Freude der Hauptperson des Tages. Nur das Geburtstagskind darf in die schon bekannte Kiste greifen und sich etwas herausnehmen.

Da die Geschenkkiste das ganze Jahr über immer wieder zum Einsatz kommt, verwenden wir einige Mühe für ihre Gestaltung. Sie kann als buntes Päckchen daherkommen, mit großer Schleife, die leicht aufzuziehen ist. Oder wir bemalen eine runde Papierschachtel als Torte und bekleben sie mit Papierkerzen– natürlich in passender Anzahl. Lassen wir hier unserer Kreativität freien Lauf. Für Kinder ist der Inhalt natürlich noch spannender als die äußere Gestaltung. Es kann sich um Süßigkeiten, kleine unterschiedliche oder auch gleiche Spielwaren, Bildchen oder Figuren handeln. Die Präsente dürfen durchaus unverpackt sein, denn die Kinder sind ohnehin schon aufgeregt genug. Sie freuen sich auch ohne zusätzlichen Überraschungseffekt.

Kleine Präsente für kleine Kinder

Ob gekauft oder selbst angefertigt oder eine Mischung aus beidem: Wir wählen einfache Dinge in klarer Gestaltung. Stimmigkeit ist hier wichtiger als Originalität. Auch vor der leidigen Tendenz des „höher, größer, schneller" sollten wir uns hüten. Vertrauen wir in die elementare Bedeutung und Wirkung der gewählten Präsente.

Achten wir am Anfang des Kinderkrippenjahres darauf, genügend Geschenke für alle anfallenden Geburtstage bereitzuhalten, sogar ein wenig mehr, da während des Jahres vielleicht noch weitere Kinder in die Einrichtung aufgenommen werden.

Sinnvolle Geschenkideen für kleine Kinder:

- kleine Holzrahmen mit Fotos der Kinder oder Tierabbildungen
- einzelne Bilderplättchen aus Holz oder Pappe (z. B. aus einem Memoryspiel)
- kleine Softbälle
- Tierfiguren
- Papierblumen
- farbige Holzkugeln
- große Murmeln
- bemalte Naturmaterialen (Steine, Zweiglein, Nüsse)
- bunte Federn
- Süßigkeit (Gummibärchen, Schokokugel)

Ein Gedanke zu „Gastgeschenken"

Bei Kindergeburtstagen in der Familie hat sich der Brauch des „Zurückschenkens" eingebürgert. Den kleinen Gästen, die in der Regel ein Geschenk mitbringen, wird ebenfalls ein Präsent mit nach Hause gegeben. Oder jedes Kind der Kitagruppe bekommt vom Geburtstagskind, sprich von seinen Eltern, ein befülltes Tütchen überreicht. Der Inhalt reicht von Süßigkeiten und Luftballons bis hin zu veritablen kleinen Geschenken. Oft will eine Gastgeberfamilie die andere übertrumpfen oder man traut sich nicht, diese neue Sitte einfach *nicht* mitzumachen. Hier hat sich eine neue, sich selbst nährende Tradition etabliert, die von Kindern natürlich gern angenommen und rasch als selbstverständlich erlebt wird. Ebenso rasch setzen sich Eltern hier unter Druck und Mitmachzwang. Doch was steckt eigentlich dahinter? Warum lässt man nicht dem Geburtstagskind seine Alleinstellung – an diesem einen, „seinem" Tag? Eltern argumentieren häufig, dass Geschwister oder eingeladene Kinder nicht damit klarkämen, wenn das Geburtstagskind ein Geschenk bekommt und sie leer ausgingen. Liebevoll gedacht und doch ein Trugschluss! Hier wird nicht mehr, aber auch nicht weniger als Geben und Schenken eingeübt. Die Idee, dass jede Gabe mit einer Gegenleistung ausgeglichen wird, ist alles andere als im Sinne des Schenkens. Schenken bedeutet Geben ohne Berechnung, ohne Gegenleistung und im besten Falle kommt die Gabe von Herzen.

Entscheidet man sich für „Gastgeschenke", installiert man ohne Not neue Wünsche und Zwänge, belastet die Eltern und beraubt die Kinder einer ganz selbstverständlichen Erfahrung: Ein Kind hat Geburtstag und dieser Tag ist ein „Ehrentag" – eben für *dieses* Kind. Ein leckerer Geburtstagskuchen und die Aufmerksamkeit der Eltern sollten für die Gastkinder Freude genug sein.

Weitere Festimpulse – oder ist weniger mehr?

Alle Kinder lieben die klassischen Fest-Bausteine, die jede Geburtstagsfeier gestalten und strukturieren – Kuchen, Kerzen und Ständchen und als Krönung das Geburtstagsgeschenk. Voller Vorfreude sehnen sie sich ihrem Tag entgegen. Kleine Kinder bis drei Jahre wachsen in die jeweilige Geburtstagstradition erst hinein. Erwartungen und Vorfreude auf kommende Ereignisse setzen voraus, dass man bereits weiß, was kommen wird. Dieses Wissen entsteht langsam und folgt jenen Bildern, die von Erwachsenen oder älteren Kindern gesetzt werden.

Bei allem kreativen Ideenreichtum sollten wir immer darauf achten, die kleine Feier nicht zu überfrachten. Zugunsten der Balance von Anforderung und Überforderung, von Freude und Überdrehtheit verzichten wir im Zweifelsfall lieber auf einen vorab von uns geplanten Festimpuls, als dass wir ihn „durchziehen".

Überlegen wir also genau, welche Festzutaten für die jeweilige Altersstufe passend sind. Leicht kann ein Zuviel an Impulsen die in diesem Alter die kurze Festdauer überfrachten und die Kinder überfordern, vor allem das Geburtstagskind selbst. Die Kinder sind noch jung und stehen erst am Anfang ihrer Festelaufbahn, in die wir sie behutsam einführen sollten. Lassen wir die Geburtstagsrituale mitwachsen!

Geburtstagsstuhl und Krone

Der hübsch gestalteten Geburtstagsstuhl oder -thron ist aus der Kindergartenpraxis bestens bekannt. Das Geburtstagskind darf während der Feier darauf Platz nehmen. So wird in höchst augenfälliger Weise dokumentiert, um wen sich an diesem Tag alles dreht. Ob diese explizite Mittelpunktrolle dem Wunsch aller Kinder entspricht, sei dahingestellt. Das Prinzip Freiwilligkeit ist hier in jedem Fall angebracht, wobei ein gewisser Gruppenzwang wohl kaum zu vermeiden sein wird. Ähnlich verhält es sich mit einer reich verzierten Geburtstagskrone, mit der das Haupt des jeweiligen Geburtstagskindes gekrönt wird. Kleine Kinder sind nun häufig sehr verunsichert, wenn sich gewohnte Abläufe und Anordnungen verändern und Verkleidungen jeder Art können sie ernsthaft an den Rand der Verzweiflung bringen. Zeigen die Kinder also Anzeichen von Überforderung, verzichtet man besser auf dergleichen „Highlights". Entscheidend ist immer die Rückbindung der Rituale zum kleinkindlichen Erleben.

Ein geheimnisvoller Gast

Eine Handpuppe, die eine imaginäre Gratulation überbringt, kann eine zauberhafte Wirkung für die Kinder entfalten. Ob Kasperle, Seppl oder Gretl oder auch ein freundliches Tier: Ein geheimnisvoller Gast besucht die Geburtstagsfeier und überbringt liebevolle Glückwünsche. Nach dem Geburtstagskind wird jedes andere Kind reihum mit Namen angesprochen oder nach seinem Namen gefragt. Vielleicht hat der Überraschungsgast sogar ein Körbchen dabei mit einer kleinen Süßigkeit für jeden der kleinen Festgäste. Meist reagieren Kinder mit einer Mischung aus Freude und Ehrfurcht auf die Figur, die leise und liebevoll und im richtigen Moment zurückhaltend auftreten sollte. Wichtig ist, dass eine weitere Kollegin mit anwesend ist. So lassen sich die Reaktionen der Kinder oder eventuell auftretende Ängste auffangen.

Zusätzliche Ideen zur Festgestaltung sind immer Geschmackssache und wollen sorgsam überlegt und dosiert werden. So ist der „geheimnisvolle Gast" keineswegs notwendig, wirkt aber bereichernd und auch ein wenig magisch für die Kinder. Ist die kleine Festgesellschaft daran gewöhnt, wird der spannende Besuch meist ungeduldig erwartet. Die Handpuppe muss nicht im Rahmen der eigentlichen Feier erscheinen. Sie eignet sich auch dafür, den Festanlass des Tages im Mittagskreis noch einmal aufzugreifen.

Lieblingsspiel und Leibspeise

Die besondere Wertschätzung für das Geburtstagskind kann auch damit ausgedrückt werden, dass das betreffende Kind etwa beim Morgen- oder Mittagskreis ein Fingerspiel *oder* ein Bilderbuch *oder* ein Lied auswählen darf. Hilfreich ist es, zwei Alternativen anzubieten und dem Kind damit die Wahl zu erleichtern, anderenfalls sind kleine Kinder leicht überfordert. Räumen wir dem Geburtstagskind hier eine solche kleine Sonderstellung ein, sollte diese tatsächlich klein gehalten und nicht überinszeniert werden.

Dies gilt ebenso, wenn an diesem Tag zum Mittagstisch das Lieblingsessen des Geburtstagskindes zubereitet wird. Hier geht es weniger um eine explizite Auswahl als um die schöne Geste! Wie selbstverständlich servieren wir die Leibspeise. Hm, das schmeckt! ... und kommt auch ohne großen Kommentar beim Kind an.

Singen, Zuhören und Mitmachen im Kreis

Lieder rund um den Geburtstag

Singen ist eine ganz unmittelbare, spontane Ausdrucksweise kleiner Kinder. Lange bevor sie einen Inhalt erzählen oder bildnerisch darstellen können, reihen sie spontan Töne und Tonfolgen aneinander. Durch oftmaliges Singen unserer Lieder und die Begleitung mit passenden Gesten verinnerlichen die Kinder rasch Texte und Melodien. Singen die Kinder nicht oder noch nicht mit, dürfen wir nicht glauben, dass sie nicht aufmerksam bei der Sache wären. Musik wird zunächst passiv aufgenommen, dringt über die Ohren und über die Emotionen in uns ein. Singen wir also fröhlich und mit eigener Freude und Überzeugung. Irgendwann stimmen die Kinder mit ein – anfangs meist noch lautmalerisch den Text aufgreifend. Mit Staunen nimmt man aber auch oft wahr, wie etwa aus der Kuschelecke einzelne Textzeilen dringen oder ganze Lieder erklingen. Wird eine Melodie von den Kindern sozusagen in *ihr eigenes* Repertoire aufgenommen, ist dies der beste Beweis für die richtige Auswahl der Lieder.

Originalität und Abwechslung stehen bei der Liederwahl nicht im Vordergrund. Kleine Kinder brauchen nicht immer ein neues Lied, sondern wenige passende Lieder, die oft wiederholt werden und sich so immer tiefer in den Kindern verankern. Neues wird Schritt für Schritt behutsam eingeführt und so vergrößert sich das Liedgut langsam und stetig. Musik wird auf der emotionalen Ebene vermittelt und Lieder werden nicht eingeübt, sondern einfach gesungen!

Praxis-Ideen
Ein ganz besondrer Tag

Text und Melodie: Monika Lehner

1. Heut ist ein ganz be-sond-rer Tag, ein Tag, den je-der ger-ne mag, denn an die-sem schö-nen Tag fei-ern wir, fei-ern wir Ge-burts - tag.

2. Wo ist denn das Geburtstagskind?
   Ich schau mich um, dass ich es find'.
   Da ist das Geburtstagskind,
   komm und blas', komm und blas'
   die Kerzen aus.

Spielanregung:
Das Lied eignet sich als „musikalische Gratulation". Wir singen die erste Strophe gemeinsam, bei der zweiten sehen wir uns mit der Hand über den Augen gespannt nach dem Geburtstagskind um. Nachdem wir es „gefunden" haben, deuten alle freudig auf das Kind.
Nach dem Auspusten wird die erste Strophe noch einmal wiederholt.

Wir feiern mit dir und schenken dir viel

Text und Melodie: überliefert

1. Wir freu - en uns, dass du ge - bo - ren bist und

hast Ge - burts - tag heut. Wir fei - ern mit dir und

schenken dir viel, viel Es - sen und Trin - ken und fro - hes Spiel. Und

freuen uns, dass du ge - bo - ren bist und hast Ge - burts - tag heut.

2. Wir freuen uns, dass du geboren bist
   und hast Geburtstag heut.
   Wir feiern mit dir und schenken dir viel,
   viel Lachen und Freude und frohes Spiel.
   Und freuen uns, dass du geboren bist
   und hast Geburtstag heut.

Viel Glück und viel Segen

Text und Melodie: Werner Gneist
© Bärenreiter-Verlag, Kassel

Kanon

1. Viel Glück und viel____ Se - gen, auf all dei - nen We - gen,

3. Ge - sund-heit und____ Freu - de sei auch mit da - bei!

Begrüßungslied

Melodie nach „der Kuckuck und der Esel", Text: Monika Lehner

1. Die Emma hat Geburtstag, und wird nun schon ein Jahr.
   Wir klatschen in die Hände, wir klatschen in die Hände,
   und singen tralala trala, und singen tralala.

2. ... stampfen mit den Füßen ...
3. ... winken mit den Armen ...
4. ... hüpfen auf den Beinen ...
5. ...

Zum Abschluss:
Die Emma hat Geburtstag, und wir sind alle da.
(reihum die Kinder mit Namen begrüßen)
Wir wünschen alles Gute, wir wünschen alles Gute,
und singen tralala trala, und singen tralala.

Wir freuen uns

Text und Melodie: überliefert

1. Wir freu-en uns, wir freu-en uns, weil dein Ge-burts-tag ist.

Und da-rum wün-schen wir dir heut, dass du stets glück-lich bist!

2. Wir freuen uns, wir freuen uns, weil dein Geburtstag ist.
   Und darum sind wir auch so froh, dass du heut bei uns bist.

3. *Wiederholung der ersten Strophe*

Zum Geburtstag viel Glück (Melodie: „Happy birthday to you")

1. Zum Geburtstag viel Glück, zum Geburtstag viel Glück,
   zum Geburtstag, lieber Julian, zum Geburtstag viel Glück.

2. Ja, wir singen mit dir, ja, wir singen mit dir,
   ja, wir singen, lieber Julian, ja, wir singen mit dir.

3. Ja, wir essen mit dir …
4. Ja, wir trinken mit dir …
5. Ja, wir lachen mit dir …
6. Ja, wir tanzen mit dir …
7. Und jetzt wünschen wir dir …

Wiederholung erste Strophe:
Zum Geburtstag viel Glück …

Kräht der Hahn

Melodie: Kommt ein Vogel geflogen, Text: überliefert

1. Kräht der Hahn früh am Mor - gen, kräht er

laut und kräht er weit: "Gu -ten Mor - gen, Ma - xi -

mi - lian, dein Ge - burts - tag ist heut."

2. Kommt ein Häschen angehoppelt, hüpft schnell weiter, keine Zeit.
   „Guten Morgen, liebe(r) …, dein Geburtstag ist heut."

3. Und die Fischlein im Teiche, ja die springen vor Freud:
   „Guten Morgen, liebe(r) …, dein Geburtstag ist heut."

4. Und da freun sich die Kinder und da freun sich die Leut:
   „Guten Morgen, liebe(r) …, dein Geburtstag ist heut."

Spiele im Kreis – gereimt und bewegt

Geburtstagsspiele sind mehr als *Topfschlagen* und *Blindekuh*. Gerade diese Klassiker sind für kleine Kinder nicht wirklich geeignet. Die Augen zu verbinden, ist für sie mit großer Irritation und Unsicherheit verbunden. Kleine Kinder fühlen sich dabei leicht verloren und können Ängste entwickeln.

Bleiben wir auch beim Geburtstagsthema in der Erlebenswelt der Ein- bis Dreijährigen und dosieren Spielinhalte genauso wie Spieldauer und -menge. Es reicht oft schon *ein* gutes Spiel, *ein* passendes Lied. Mit innerer Beteiligung dargeboten, sind wenige stimmige Festimpulse besser als ein Angebotsreigen, der die ohnehin schon aufgeregte Kinderschar überreizt und überfordert. Unser Anliegen ist, dass die kleine Festgesellschaft Freude erlebt und das Geburtstagskind unsere Wertschätzung spürt.

Praxis-Ideen

Fingerspiel: Der hat Geburtstag

Der hat Geburtstag.	*Daumen mit der anderen Hand greifen usw.*
Der bringt den Kuchen mit.	*Zeigefinger*
Der steckt die Kerzen drauf.	*Mittelfinger*
Der zündet sie an.	*Ringfinger*
Und der Kleine tanzt und singt:	*Kleinen Finger allein hochstrecken, ganze Hand dabei hin- und herbewegen.*
„Alles, alles Gute, liebes Geburtstagskind!"	*Alle fünf Finger der Hand tanzen lassen.*

Monika Lehner

Geburtstagsreim: Gratulation der Tiere

Du hast heut Geburtstag.
Die Katze macht miau.
Du hast heut Geburtstag.
Der Hund, der bellt wau-wau.

Du hast heut Geburtstag.
Die Kuh, die macht muh-muh.
Du hast heut Geburtstag.
Das Pferd wiehert dazu.

Du hast heut Geburtstag.
Die Maus, die macht fiep-fiep.
Du hast heut Geburtstag.
Das Vöglein ruft piep-piep.

Du hast heut Geburtstag.
Der Löwe macht uaaaah.
Du hast heut Geburtstag.
Der Esel schreit i-ah.

Du hast heut Geburtstag.
Und was sagen wir?

Alles, alles Gute, das wünschen wir dir.
Alles, alles Gute, das wünschen wir dir.

Monika Lehner

Spielanregung:
Besonderen Spaß bereitet dieser Geburtstagsreim, wenn wir die jeweiligen Tier-
stimmen nachahmen. Zum Schluss klatschen alle fröhlich im Sprechrhythmus.

Fingerspiel: Alle Geburtstage an einer Hand

Das ist der Daumen.	*Daumen mit der anderen Hand greifen*
Er hat heut Geburtstag	
und wird nun schon ein Jahr.	*Daumen zeigt „eins" an.*
Wir wünschen alles Gute	
und singen trallalalala.	*Alle Finger an der Hand tanzen lassen*
Das ist sein Bruder.	*Zeigefinger mit der anderen Hand greifen*
Er hat heut Geburtstag	
und wird nun schon zwei Jahr'.	*Daumen und Zeigefinger zeigen „zwei" an.*
Wir wünschen alles Gute	
und singen trallalalala.	*Alle Finger an der Hand tanzen lassen*
Da ist der Große in der Mitte.	*Mittelfinger mit der anderen Hand greifen*
Er hat heut Geburtstag	
und wird nun schon drei Jahr'.	*Daumen, Zeige- und Mittelfinger zeigen*
Wir wünschen alles Gute	*„drei" an.*
und singen trallalalala.	*Alle Finger an der Hand tanzen lassen*
Dieser bringt den Kuchen mit	*Ringfinger mit der anderen Hand greifen*
mit vielen Kerzen drauf.	*Finger abzählend einzeln antippen*
Und der allerkleinste da?	*Kleinen Finger mit der anderen Hand greifen*
Bläst sie aus	*Kräftig pusten*
und isst den ganzen Kuchen auf!	*Kleinen Finger abspreizen*

Monika Lehner

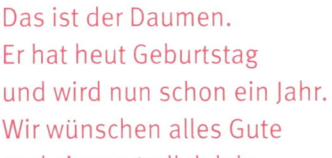

Fingerspiel: Jeder Tag hat einen Namen

Jeder Tag hat einen Namen,	*Eine Hand:*
Montag,	*Daumen,*
Dienstag,	*Zeigefinger,*
Mittwoch.	*Mittelfinger abzählen*
Jeder Tag hat einen Namen,	
Donnerstag und	*Ringfinger,*
Freitag.	*kleinen Finger abzählen*
Jeder Tag hat einen Namen,	*Andere Hand:*
Samstag und dann	*Daumen,*
Sonntag.	*Zeigefinger abzählen*
Viele, viele Tage sind in einem Jahr.	*Alle zehn Finger tanzen lassen*
Alle haben einen Namen,	*Alle Finger nacheinander abzählen*
jeder, jeder Tag.	
Doch es gibt nur einen	*Daumen nehmen*
ganz besond'ren Tag.	
Und dieser allerschönste,	*Daumen hochstrecken*
das ist der Geburtstag.	
Folgt:	
Wir gratulieren dem Geburtstagskind!	*Eventuell Hände ringsum reichen*

Monika Lehner

Spielanregung:
Als Einstimmung oder Abschluss begrüßen wir die Kinder reihum: „Jedes Kind hat einen Namen und wie heißt du?"

Fingerspiel: Ja was gibt's denn heut?

Montag gibt's Käse,	*Daumen*
Dienstag gibt's Wurst.	*Zeigefinger*
Mittwoch gibt's frische Milch	*Mittelfinger*
gegen den Durst.	
Donnerstag gibt's Brezeln,	*Ringfinger*
Freitag gibt's Brot.	*Kleiner Finger*
Die ganze lange Woche	*Alle fünf Finger strecken*
gibt's keine Not.	*Beide Hände öffnen*
Samstag gibt's Kuchen,	*Eine Handfläche nach oben halten*
ein Stück heben wir auf.	*Mit der anderen Hand „Kuchen" drauflegen*
Denn Sonntag ist Geburtstag,	*Beide Hände öffnen*
da freun wir uns drauf.	*In die Hände klatschen*
Fehlt noch eine Kerze	*Eine Handfläche nach oben halten, mit dem*
fürs Geburtstagskind.	*Zeigefinger der anderen Hand eine „Kerze"*
	andeuten
Komm her, lieber Alexander	*Geburtstagskind herbeiwinken*
(liebe Lena),	*Alle Kinder pusten mit*
puste aus geschwind!	

Monika Lehner

Spielanregung:

Im Schlussteil des Reims kann das genannte Kind in die Mitte kommen oder das imaginäre Kuchenstück wird dem Kind gereicht, was einen etwas ruhigeren Spielablauf zur Folge hat.

Wir können das Fingerspiel an einem Geburtstag exklusiv für das Geburtstagskind spielen, aber auch als Vor- und Nachbereitung dieses Festes. So kann jedes Kind einmal das Geburtstagskind sein!

Kleines Feste-Rätsel

Vorbereitung:

Für jedes bekannte Jahresfest bereiten wir ein oder mehrere sprechende Symbole aus stabilem Fotokarton vor (Nikolaus: Sack, Stiefel, Schlitten – Advent: Adventskranz mit Kerzen – Weihnachten: Tannenbaum, Kerzen, Geschenkpäckchen, Krippenfiguren, Sterne – Ostern: Hase, Nest, Eier, Kreuz – St. Martin: Laternen, St. Martin auf dem Pferd – Fasching: Luftballons, Masken – Geburtstag: jeweils ein Kuchen mit einer, zwei und drei Kerzen, Geschenkpäckchen. *Wichtig:* mindestens so viele Symbole wie teilnehmende Kinder! Alle Symbole werden in ein Körbchen unter eine Decke gelegt.

Durchführung:

Die Kinder sitzen im Kreis und reihum greifen sie unter die Decke und holen ein Symbol heraus. Was ist das? Was bedeutet es? Können wir es zuordnen? Die Kinder überlegen gemeinsam und alle Kinder bringen ihre Ideen ein. Das Festerätsel ist dabei keine strenge Rätselaufgabe, sondern mehr ein offenes Gedankenspiel. Die kindliche Fantasie verbindet sich dabei mit der Erinnerung an vergangene Feste. Bestimmt fällt den Kindern zu den einzelnen Festsymbolen ein passendes Lied ein. Singen vertieft das kindlich-emotionale Erleben.

Kleine Kinder können noch nicht allein „mit den Händen" schauen. Wer mag, kann also auch unter die Decke lugen und sich ein Symbol aussuchen. Wir gehen frei und spielerisch mit der Situation um und führen die Kinder so langsam an die Kim-Spiel-Idee heran. Als Abschluss legen wir alle Symbole wieder zurück in das Körbchen und breiten die Decke darüber.

Eine Kerze kommt zu dir

Planung und Vorbereitung:

Dicke Kerze mit gutem Stand, Kerzenhalter oder Teller, Stabfeuerzeug, ggf. Jahreszeiten- oder Monatskalender; mindestens zwei Erwachsene sind zur Durchführung erforderlich, Sicherheitsmaßnahmen bedenken.

Durchführung:

Wir stimmen die Kinder im Sitzkreis auf eine ruhige Situation ein: dazu ein Geburtstagslied gemeinsam singen, dann flüsternd singen, schließlich summen und einen kurzen Moment der Ruhe finden.

Nun stellen wir eine große Kerze in die Mitte. Feierlich wird sie entzündet. Immer wieder aus der Mitte heraus wird die Kerze zu jedem Kind geschoben oder gehoben. Jedes Kind hat einmal im Jahr Geburtstag und jedes Kind darf in Erinnerung an diesen besonderen Tag die Kerze auspusten. Die Kerze kehrt anschließend in die Mitte zurück und wird von Neuem entzündet. Wir begleiten den ruhigen meditativen Spielablauf mit wenigen stimmigen Worten. Jedes Kind wird beim Namen genannt und jedes Kind erfährt die gleiche Wertschätzung. Zum Schluss bleibt die entzündete Kerze in der Mitte, während wir noch einmal unser Geburtstagslied singen. Nun pusten alle Kinder gemeinsam in Richtung der Kerze, die Flamme erlischt und markiert so das Ende des Spiels.

Variation mit zusätzlichem Spielinhalt:

Ein Jahreszeiten- oder Monatskalender, der den Jahresverlauf in sprechenden Bildern zeigt, liegt in der Mitte. Anhand der Bilder wandert die Kerze in der kalendarischen Reihenfolge der Geburtstage von Kind zu Kind.

In Mamas Bauch

Material:
Große Kuscheldecke

Durchführung:
Mit einem Bilderbuch über Tierkinder oder einer Erzählung stimmen wir die Kinder im Sitzkreis thematisch ein: Alle Babys wachsen in Mamas Bauch. Dort fühlt es sich gut an, es ist kuschelig warm und geborgen. Nun kommt die große Kuscheldecke in die Mitte. Zunächst lassen wir die Kinder ohne Anleitung und Ideenimpulse mit der Decke hantieren. Wir lassen den Kindern Zeit und warten ab, was geschieht (schlafen spielen, sich einwickeln, drauflegen, zudecken, einkuscheln). Schließlich kriechen wir selbst mit unter die Decke und geben den Impuls: „Das fühlt sich so kuschelig an wie in Mamas Bauch." Oder wir spielen selbst die Mutter und nehmen die Kinder herein in unseren geräumigen Kuscheldecken-Bauch. Steigen die Kinder auf dieses Angebot ein, spielen wir die geborgene und auch etwas geheimnisvolle Situation noch ein wenig aus, bevor die Kinder fröhlich hinaus „in die Welt" hüpfen (und auch immer wieder zurückkehren können).

Bei diesem Spiel geht es um Emotion, Bindung und das positive Erleben von Nähe in der Gemeinschaft. Dieses sensible Spiel erfordert auch einen sensiblen Umgang. Hier darf es immer nur um ein liebevolles und wirklich offenes Angebot gehen. Kinder dosieren selbst sehr genau, was und wie viel sie sich zumuten. Vertrauen wir den Kindern!

Das wandernde Geschenk

Vorbereitung:
Als „Geschenk" wählen wir einen für die Kinder neutralen, aber wertigen Gegenstand, z. B. ein bemalter Stein, ein Papierball oder vergoldete Walnüsse. Spielsachen aus dem Kita-Fundus eignen sich weniger gut, da die Kinder damit oft Präferenzen und „Besitzansprüche" verbinden.

Durchführung:

Zur Einstimmung ermuntern wir die Kinder zu erzählen, was sie am Thema Schenken bewegt. Kleine Kinder erzählen dann oft reihum bis auf den Wortlaut das Gleiche hintereinander. Das gehört zur Entwicklungsstufe. Wichtiger als eine differenzierte inhaltliche Aussage ist der Raum zum Ausdrücken der eigenen Erlebniswelt (Erinnerung und Wunschdenken).

Anschließend wird das „Geschenk" eingeführt und zunächst einer Kollegin übergeben. Sie bedankt sich, zeigt ihre Freude und ihr Interesse an der Gabe und überreicht diese schließlich mit liebevoller Haltung einem Kind aus der Gruppe: „Schau mal, diesen schönen Stein schenke ich dir. Du darfst ihn eine Weile behalten und dich daran freuen. Dann schenkst du ihn weiter und machst so auch dem Kind neben dir eine kleine Freude." – Die Kinder beobachten das Beispiel des Erwachsenen und folgen dem Vorbild in ihrer eigenen Weise. Sich zu bedanken, wird nicht eingefordert, sondern als positive Reaktion vorgeschlagen. Obwohl das jeweilige Kind die Dauer selbst bestimmt, strukturieren und leiten wir das Weiterreichen der Gabe behutsam. Jedes Kind schenkt den Gegenstand reihum an seinen Nachbarn weiter.

Würde man es den Kindern freistellen, an wen sie die Gabe weiterreichen, käme der Aspekt der Auswahl mit ins Spiel. Dieser Aspekt berührt die Kinder oft sehr stark und gibt dem Spiel eine nicht gewünschte Richtung. Möchten (oder können) einzelne Kinder die Gabe nicht weitergeben, fangen wir die Situation spielerisch auf: das Kind legt die Gabe in ein Körbchen oder in unsere Hände und wir überreichen es stellvertretend für das Kind. „Schenken" darf keine Forderung und kein Zwang sein und ein an dieser Stelle nicht gebefreudiges Kind darf nicht bloßgestellt werden. Schenken will eben auch gelernt sein!

Schenken und Danken wird eingeübt, Geben und Nehmen mit warmherziger Haltung ohne Anlass und ohne Gegenleistung, Kinder machen die Erfahrung, dass Schenken/Geben auf der materiellen Ebene zwar einen „Verlust" bedeutet, auf der emotionalen Ebene aber bereichernd wirken kann.

Es tanzt das Gi-Ga-Geburtstagskind

Der gute alte „Bi-Ba-Butzemann" wird von kleinen Kindern immer wieder gern getanzt. Fröhlich wirbeln die Kinder dabei im Raum herum. Das Lied lässt sich ebenso gut beim Kindergeburtstag mit einer kleinen Textvariation singen und tanzen, laut und leise, langsam und immer schneller werdend.

Es tanzt das Gi-Ga-Geburtstagskind in unserm Kreis
herum, fidibum.
Es tanzt das Gi-Ga-Geburtstagskind in unserm Kreis
herum, fidibum.
Es rüttelt sich, es schüttelt sich,
es wirft sein Päckchen hinter sich.
Es tanzt das Gi-Ga-Geburtstagskind in unserm Kreis herum.

Kleine Geburtstagsbühne

Tischbühne und Theaterstimmung

Eine kleine Theatervorführung in Kita und Kindergruppe muss nicht aufwändig sein. Je weniger Umstände die Spielanordnung macht, umso lieber und öfter wird es heißen: „Bühne frei!" und „Vorhang auf!" Auf den sprichwörtlichen Theatervorhang kann man jedoch in dieser Altersstufe getrost verzichten, denn für kleine Kinder ist das Geschehen ohnehin neu und spannend genug. Sie bewegen sich im magischen Weltbild und ihre Fantasie kennt keine Grenzen. Spielfiguren werden auf ganz selbstverständliche Weise als „lebendig" und „echt" erlebt. Ein kleines Theaterspiel lässt sich deshalb auch gut ohne Bühne, einfach im Rahmen eines Sitzkreises „inszenieren". Eine Bühne dagegen, und sei sie noch so simpel, schafft etwas mehr Distanz und „Theatergefühl" als eine unmittelbare Darbietung. Günstig ist eine niedrige Bühne – die Kinder sind nah bei den Spielszenen. Wir können dafür z. B. einen Kindertisch benutzen und ihn mit einem einfarbigen (nicht gemusterten!) Stofftuch bedecken. Diese Tischbühne bietet Platz, um Spielutensilien darauf abzustellen oder darunter zu verstecken.

Theateraufführung mit kleinen Kindern

Eine kindgemäße Darbietung erfordert einen klaren Handlungsbogen und eine deutliche sprachliche Begleitung. Am natürlichsten gelingt das Theaterspiel, wenn man sich den Stoff erst selbst „zu eigen macht" und die Szenen und Dialoge dann spontan spielt. Die gute Kenntnis des Stücks und seines Handlungsablaufs ist daher wichtig.

Theater bedeutet für kleine Kinder immer auch Spannung. Zum einen erzeugt die Situation an sich (Bühne, Verborgenes, Unbekanntes) Vorfreude und eine gespannte Stimmung, andererseits ist jede Theaterhandlung von einer gewissen Dramatik geprägt. Diese besondere Mischung alleine ruft oft schon Irritationen und Ängste bei den Kindern hervor. Eine ruhige, langsame Spielführung gibt den Kindern Zeit, alles genau mitzuverfolgen und zu kommentieren, was sie erleben. Das Stück (auftretende Figuren, Utensilien, Szenenwechsel) sollte einfach strukturiert sein und von *einer* Person durchgeführt werden können. Spieler oder Spielerin dürfen sichtbar sein, dies schmälert das theatralische Miterleben kleiner Kinder keineswegs. Eine Kollegin bleibt im Zuschauerkreis, strukturiert die Sitzanordnung und begleitet die Kinder, unterstützt Beteiligung, Verständnis, Freude oder fängt Irritationen auf.

Tipps aus der Theaterpraxis:
- Altersgemäße Stückauswahl (ggf. kürzen oder anpassen)
- Gute Vorab-Kenntnis der Handlung und Dialoge
- Kurze Dauer (maximal 15 Minuten)
- Wenig Spielfiguren (eine oder zwei, maximal drei Figuren)
- Überschaubare Spielutensilien
- Klarer Handlungsbogen

- Keine verschiedenen Spiel- und Handlungsebenen
- Deutlicher Beginn und Abschluss der Spielsituation
- Offenheit für spontane Kinderbeteiligung
- Ausführende Spieler sind sichtbar
- Gemäßigte Dramatik (Ängste vermeiden)
- Erwachsene Begleitung der Kinder im Zuschauerkreis

Bühne frei!

Praxis-Ideen

Kasperl rettet den Geburtstagskuchen

Vorbereitung:
- Spielfiguren: Kasperl, Gretel, Krokodil oder anderes Handpuppentier
- Geburtstagskuchen mit drei Kerzen aus Tonpapier vorbereiten und auf einen kurzen Stab kleben (wird je nach Spielverlauf von einer der Spielfiguren gehalten oder auf der Bühne abgestellt)
- Eine Möglichkeit vorsehen, den Geburtstagskuchen auf der Bühne abzustellen (z. B. kleiner Holzblock mit Bohrung oder Lederschlaufe am „Bühnenrand", um den Stab hineinstecken zu können)

Inhalt:
Kasperl feiert Geburtstag und Gretel hat einen Kuchen für ihn gebacken. Das Krokodil klaut den Kuchen. Gretel sucht überall und holt schließlich Kasperl zu Hilfe. Kasperl rettet den Geburtstagskuchen und anschließend feiern alle miteinander.

Spielanregung:
Kasperl erscheint: „Tri, tra, trallala, der Kasperl, der ist wieder da!" *Kasperl* ist schon recht aufgeregt und freut sich: „Nur noch einmal schlafen, Kinder, und

mein Geburtstag ist gekommen. Dann bin ich soooo groß!" *Kasperl* hüpft in die Luft. „Hoffentlich bekomme ich einen schönen Geburtstagskuchen von Gretel. Sie backt nämlich den allerallerbesten Geburtstagskuchen auf der Welt. Mit gaaaanz viel Schokolade drin!

Kasperl tritt ab und singt dabei: „Ich freu mich so, ich freu mich so!"

Szenenwechsel:

Gretel erscheint und trägt den Geburtstagskuchen. Während sie den Kuchen abstellt: „Hallo Kinder! Puh, ist der Kuchen schwer! Da sind aber auch viele Eier und Butter und Mehl und Zucker und gaaaanz viel Schokolade drin. Wisst ihr eigentlich, wer heute Geburtstag hat?" – *(Kinder antworten)* „Genau, Kinder, der Kasperl feiert heute Geburtstag!" Sie ruft nach dem Geburtstagskind, um ihm zu gratulieren und den Kuchen zu überreichen: „Kasperl, Kasperl! Wo steckst du?"

Gretel blickt suchend umher und wendet sich dabei vom Kuchen ab. Da **kommt das Krokodil** und flüstert: „Oh, was für ein schöner Kuchen! So einen möchte ich auch haben." Ein wenig traurig fügt es hinzu: „Niemand denkt an mich. Niemand schenkt mir so etwas Schönes" und „Wisst ihr was, Kinder? In einem unbeobachteten Moment werde ich den Kuchen einfach stibitzen. Das darf man zwar nicht, aber ich bin schließlich das Krokodil!" Das *Krokodil* blickt vorsichtig um sich und klaut den Kuchen. **Krokodil tritt ab,** nimmt den Kuchen mit.

Gretel entdeckt, dass der Kuchen fehlt. Verzweifelt jammert sie und sucht überall. Sie fragt die Kinder, ob sie etwas wüssten. *(Kinder verraten das Krokodil)* *Gretel* fällt nun nur noch eine Lösung ein: Sie holt *Kasperl* zu Hilfe und ruft energisch nach ihm: „Kasperl, Kasperl, kannst du bitte kommen!"

Kasperl erscheint freudig: „Tri, tra, trallala, mein Geburtstag ist nun da!" Da bemerkt er, dass *Gretel* verzweifelt ist und dass auch kein Geburtstagskuchen da ist: „Gretel, was ist denn nur passiert?" *Gretel* erzählt, dass das Krokodil seinen Kuchen geklaut hat und dass sie sich keinen Rat mehr weiß. *Kasperl* hat natürlich eine rettende Idee: „Gretel, beruhige dich. Ich weiß, wo das Krokodil wohnt, und werde den Kuchen wieder holen. Ganz bestimmt!" *Gretel antwortet:* „Hoffentlich schaffst du das! Ich habe nämlich gaaaanz viel Schokolade für dich in den Kuchen gebacken." *Gretel tritt ab.*

Szenenwechsel:
Das *Krokodil* sitzt vor dem geklauten Kuchen und ist immer noch ein wenig traurig: „Jetzt habe ich so einen schönen Kuchen und niemanden zum Feiern. Ich bin ja soooo alleine!" Da kommt *Kasperl* angeschlichen und entdeckt das Krokodil. Er ruft den Kindern zu: „Das Krokodil kann brüllen, wie es mag. Ich habe keine Angst und nehme ihm den Kuchen einfach weg! Ist ja schließlich mein Geburtstagskuchen!" *Kasperl nimmt den Kuchen* an sich. Das *Krokodil reagiert nicht.* *Kasperl* wundert sich: „Aber Krokodil, du brüllst ja gar nicht. Bist du krank?" „Nein", schluchzt das *Krokodil,* „ich bin nur traurig, weil ich nicht Geburtstag habe und soooo alleine bin."
Kasperl: „Aber *ich* habe Geburtstag und weißt du was? Ich lade dich einfach dazu ein. Ich muss nur noch Gretel holen, dann feiern wir zu dritt." Das *Krokodil freut sich* und *Kasperl ruft nach Gretel.*
Gretel erscheint. Alle freuen sich nun auf den Kuchen, tanzen und singen gemeinsam ein Geburtstagslied und verabschieden sich mit „tri, tra, trallala!"
Alle treten ab.

Der Bär verschläft beinahe seinen Geburtstag

Vorbereitung:
Die erzählte Geschichte wird durch Spielszenen mit Kuscheltieren und Utensilien unterstützt und verlebendigt.
- Spielfiguren: Teddybär, weitere Kuscheltiere, Holz- oder Schleichtiere, Puppen … (in einem Korb / unter der Tischbühne verdeckt bereitlegen)
- Kerzen aus Tonpapier auf eine kleine Kuchenform kleben (Sandspielzeug oder Mini-Kuchenform aus der Küche)

Die Geschichte:

Der Bär hat Geburtstag. Der Igel (oder ein anderes Tier) bringt den Geburtstagskuchen und möchte dem Bär gratulieren. Dieser ist leider so müde, dass er das Fest verschlafen wird, wenn er nicht rechtzeitig aufgeweckt wird. Der Igel versucht ihn zu wecken, doch ohne Erfolg. Er holt Hilfe bei seinen Freunden. Mit allerlei Strategien versuchen diese nun, den laut schnarchenden Bären zu wecken:

• Geburtstagslied laut und leise singen
• drohen, dass man den Kuchen ohne ihn aufessen wird
• ins Ohr flüstern
• brüllen
• Lärm machen
• am Fell zupfen
• rütteln und schütteln
• erschrecken
• kitzeln

Nichts hilft, der Bär dreht sich nur gemütlich um und schläft weiter. Da hat der Igel eine Idee: Er bittet die Kinder, gemeinsam für das schlafende Tier ein Geburtstagslied zu singen. Und tatsächlich, endlich wacht der Bär auf. Er wundert sich kurz, entdeckt den Kuchen und die vielen Kinder. Da erinnert er sich, dass er heute Geburtstag hat. Er bedankt sich bei seinen Freunden, dass sie ihn geweckt haben. Vor allem aber dankt er den Kindern. Ohne ihre Mithilfe hätte er doch beinahe seinen Geburtstag verschlafen! Jedem Kind überreicht er ein Stück (imaginären) Kuchen. Zum Abschluss singen alle miteinander noch einmal das Geburtstagslied.

Nachbereitung:

Wir spielen die Geschichte gemeinsam mit den Kindern nach. Wer von den Kindern möchte sich in die Mitte des Kreises legen, vielleicht eingehüllt in eine kuschelige Decke? Die anderen Kinder versuchen, das Kind aufzuwecken. Nacheinander kommen alle Kinder als „Schlafbär" an die Reihe.

Das Kind in der Mitte bestimmt die jeweilige Spieldauer. Die Intensität der „Aufweckreize" und vor allem die körperliche Berührung des „schlafenden" Kindes durch die Mitspieler sollte von uns Erwachsenen begleitend dosiert werden. Die Situation darf für das Kind in der Mitte nicht bedrängend werden.

Zum Abschluss legt sich auch eine Erzieherin schlafend in die Mitte. Mit lautem Schnarchen, Räkeln, halbem Aufwachen und Wieder-in-den-Schlaf-Sinken, Ärgerlich-Werden wegen der Störungen usw. kann nun das Aufwecken fantasievoll und intensiv ausgespielt werden – zur großen Freude der Kinder.

Bilder und Geschichten
über das Leben

Bilder und Geschichten sind wichtig für Kinder. Sie vermitteln Sprache, Vorstellungen und Identifikationsmöglichkeiten und geben der kindlichen Fantasie und Wissbegierde die so notwendige Nahrung. Ein- bis Dreijährige lernen mit Bilderbüchern die Welt zu lesen, denn im kleinkindlichen Alter wird die „Lesekarriere" angelegt.

Kinder brauchen schlichtes und gutes Basismaterial mit klaren Bildern, klaren Inhalten und eindeutiger Erzähl- und Erlebnisebene. Jedes kleine Kind fängt doch mit dem Sehen, Hören und Verstehen für sich von vorne an. Gute und brauchbare Bilderbücher sind nicht leicht zu finden, da sie häufig „zu viel wollen": viele Figuren, mehrere Erzählebenen und immer noch ein spannender und origineller Wendepunkt mehr. Geeignetes Bild- und Textmaterial spricht die „Sprache der Kinder", bewegt sich in ihrem altersgemäßen Verständnis- und Erlebensraum und ist insofern inhaltlich ausbaufähig, als es die Basis für ihr wachsendes Verständnis bildet.

Bilderbücher

Praxis-Ideen

Lieselotte feiert Geburtstag

Lieselotte, die lustige Kuh, feiert Geburtstag. Zunächst ahnt sie davon nichts. Gemütlich liegt sie auf der Weide und döst. Da geschehen seltsame Dinge. Ihre Freunde, die Hühner, schleppen allerlei Sachen herbei: Bänke und Tische, Luftballons, einen Kuchen mit Kerzen darauf. Da dämmert es Lieselotte. Das kann nur ihr Geburtstag sein! Alle Gäste feiern zusammen und rufen „Hoch lebe die Geburtstagskuh!"

Stabiles Pappbilderbuch mit Rasterung zum Umblättern. Jedes Raster bebildert den Inhalt der jeweiligen Seite. Der Text ist kleinkindgerecht, kurz gehalten und gereimt. Jedes Huhn, das etwas Neues zum Geburtstagsfest beisteuert, wird gezählt (von eins bis zehn). Dies ist die Grundidee aller Liselotte-Bücher und ein hübscher Nebeneffekt der Geschichte. Lieselotte und ihre Erlebnisse gibt es übrigens auch im großen Bilderbuch. Geeignet ab 2 Jahren

„Lieselotte feiert Geburtstag" von Alexander Steffensmeier (FISCHER Sauerländer Verlag, Frankfurt a.M. 2011, ISBN 978-3-7373-6003-6)

Wir sind jetzt vier!

Moritz ist schon ein großer Junge und liebt es, jeden Tag mit Mama Ball zu spielen. Mama erwartet ein Baby und Moritz beobachtet, wie ihr Bauch immer dicker wird, und begleitet sie zum Arzt. Hier kann er das Baby sogar auf dem Bildschirm erkennen. Bald ist es soweit und das Geschwisterchen kommt auf die Welt. Obwohl sich Moritz über seine Schwester Marlene freut, sind doch einige für ihn schwierige Veränderungen zu verkraften. Mama kümmert sich fast nur noch um Marlene und beim Spazierengehen interessieren sich alle nur für das kleine Mädchen im Kinderwagen. Und spielen kann man mit Marlene auch nicht! Immer schreit sie und hat Hunger! Schön, dass Marlene viel schläft, dann nämlich haben Mama und Papa auch wieder Zeit für Moritz. Trotz der großen Umstellung wächst Moritz in die Bruderrolle hinein und entdeckt immer mehr schöne Dinge, die er zusammen mit Marlene machen kann. Die Familie ist größer geworden und wächst langsam zusammen.

Stabiles Pappbilderbuch mit kurzen, zum Vorlesen geeigneten Texten. Die Geschichte wird aus der Sicht von Moritz erzählt. Die Illustrationen sind freundlich, realistisch und detailreich. Geeignet ab 2 Jahren.

„Wir sind jetzt vier" von Sabine Cuno (Text) und Susanne Szesny (Illustration) aus der Reihe „ministeps (Ravensburger Buchverlag, Ravensburg 2012, ISBN 978-3-473-31581-9)

Der Baum der Erinnerung

Der Fuchs hat schon sehr lange gelebt und ist müde. Da die Zeit gekommen ist, Abschied zu nehmen, legt er sich auf einer Lichtung zur Ruhe und schläft ein – für immer. Die Waldtiere sind traurig und versammeln sich, um sich an die gemeinsamen Erlebnisse zu erinnern. Während sie erzählen, bemerken sie ein zartes Pflänzchen, das aus dem Boden der Lichtung sprießt und schließlich zu einem prächtigen Baum heranwächst: im Andenken an ihren treuen Freund.

Dieses wunderbare Bilderbuch findet eine „ganz leise" Antwort auf die Frage, ob und wie man Erinnerungen bewahren kann. Die Bilder sind klar und einfach gestaltet und die Texte schon für kleine Kinder zum Vorlesen geeignet. Schlicht und ernsthaft erzählen sie eine große kleine Geschichte, die von der Farbgebung der Illustrationen sehr feinsinnig aufgegriffen wird. Geeignet ab 3 Jahren.

„Der Baum der Erinnerung" von Britta Teckentrup (arsEdition, München 2013, ISBN 978-3-8458-0184-1)

Kleinkindliches Verständnis von Geburt und Tod

Wir alle kommen aus Mamas Bauch!

Die großen Menschheitsfragen „Wo kommen wir her? Wo gehen wir hin?" interessieren kleine Kinder nur zum einen Teil. „Ich war einmal in Mamas Bauch" ist für Kinder eine schöne und warme Vorstellung, geborgen und sicher. Wo der Weg hinführen könnte, wird noch kaum gedacht und nicht gefragt. Kleine Kinder gehen ihren Entwicklungsweg mit großer Selbstverständlichkeit. Mit Tatkraft und einer dicken Portion Neugierde und Entdeckungslust. Wie die Kinder in Mamas Bauch hineinkommen, ist für Kinder bis drei Jahre in der Regel noch kein Thema, es sei denn, es wird ihnen von außen, also von uns Erwachsenen, in falsch verstandener Aufklärungslust nahegebracht. Lassen wir die Kinder in *ihrem* Erlebnishorizont und beantworten die kindlichen Fragen, liebevoll und ehrlich.

Die Zugehörigkeit und starke Verbindung (Bindung) zu Mama und Papa, zu den Geschwistern und Großeltern, spielen im kindlichen Kosmos eine große Rolle und beschäftigen kleine Kinder ganz unmittelbar. Die Ausschließlichkeit dieser Beziehung, wird jedoch besonders von kleinen Kindern innerhalb einer Kindergruppe thematisiert. Ihr Erfahrungsfeld mit Beziehungen ist deutlich weiter gesteckt als bei Kleinkindern, die ausschließlich in der familiären Umgebung aufwachsen. Krippenkinder erleben direkt und hautnah, dass andere Kinder auch andere Eltern haben. Die Feststellung, dass auch wir Erwachsene einmal in Mamas Bauch waren, löst große Verwunderung und viele kleinkindliche Überlegungen aus. Die Kinder nehmen die verschiedenen Eltern der anderen Kinder in der Gruppe wahr und grenzen sich und die Beziehung zu ihren Eltern ganz klar ab. Eifersüchtig und oft recht vehement wird klargestellt: „Nicht deine Mama! Meine Mama!"

Die einfache Geschichte vom Leben ...

Rund um die Geburtstage, aber auch wenn ein Geschwisterchen unterwegs ist, taucht die Frage nach dem „Auf-die-Welt-kommen" bei den Kindern auf. Die unendlich faszinierende Geschichte der Entstehung und Entwicklung eines neuen Menschen und damit auch ihre *eigene* Entstehung und Entwicklung kann den Kindern in ganz schlichten Worten und ohne unnötige Details und Vorgriffe auf noch kommende Fragen nahegebracht werden. Die Geburt selbst darf und soll für die Kinder ein Mysterium bleiben. Das Kind schafft sich eigene Bilder, seiner Vorstellungswelt entstammend und entsprechend. Diese Bilder sind und bleiben wandelbar. Je älter das Kind wird, umso genauere Fragen wird es stellen, die dann auch genauere Antworten verdienen. Kleinen Kindern erzählen wir „die einfache Geschichte vom Leben" etwa so:

Gewachsen in Mamas Bauch

„Wenn sich Mama und Papa ganz fest lieb haben und sich ein kleines Kind wün-schen, kann es sein, dass in Mamas Bauch ein kleines Baby wächst. (... kann es sein, dass ihnen der liebe Gott ein Kindlein schenkt. Es wächst in Mamas Bauch.) Erst ist es so klein wie ein Punkt. Jedes von euch Kindern und auch alle großen Leute waren einmal in Mamas Bauch. Dort ist es warm und kuschelig. Das Baby wird immer größer und Mamas Bauch wird auch immer dicker. Wenn das Baby keinen Platz mehr hat in Mamas Bauch, kommt es auf die Welt. Dieser Tag ist sein Geburtstag. Es ist noch ganz, ganz klein und schreit laut, wenn es Hunger hat. Das Baby trinkt an Mamas Busen und schläft dann gemütlich und geborgen in Mamas Arm oder in seinem Kuschelbettchen ein. Mama und Papa freuen sich sehr, dass sie ein Baby bekommen haben. Sie haben es sehr sehr lieb."

Kleine Kinder sind natürlicherweise noch ganz nah am Ursprung und damit am Inhalt der Erzählung. Voller Urvertrauen erleben sie in der Beziehung zu ihren Eltern unmittelbare Nähe. So hören sie gut zu und fühlen sich tief innen ange-sprochen. Einige erzählen eine für sie wichtige Begebenheit rund um das Thema „Mama/Papa/Kind" oder rufen aufgeregt; „Mein Papa hat mich auch lieb!" und „Ich war auch in Mamas Bauch, – ich auch! und ich auch! ..." Kleine Kinder wie-derholen oft die Aussagen im gleichen Wortlaut. Für sie ist es wichtig, ihr Erleben ganz für sich selbst zu formulieren. Wir lassen alle zu Wort kommen und fra-gen vielleicht noch in die Runde: „Wie heißt deine Mama, wie heißt dein Papa?" Meist hören die Kinder sehr gerne unsere Bestätigung, dass Mama und ihr Papa allein für sie da sind und dass auch sie ihr Kind ganz fest lieb haben.

... und vom Sterben

Auch der Tod taucht bei kleinen Kindern immer wieder als Thema auf, nicht weil er im „Bildungsplan" steht, sondern weil er zum Leben dazugehört. Auf Spa-ziergängen mit den Kindern begegnet uns ein totes Tier, oder es fällt ein junges Vögelchen im Garten aus dem Nest und liegt leblos am Boden.

Unter einem Strauch können wir gemeinsam mit den Kindern das Tier begraben und die Stelle mit einem Stein und einem Blümchen kennzeichnen. Ohne einen übertriebenen Kult zu betreiben, bieten wir unseren Kindern so ein Beispiel für würdigen Umgang mit dem Tod. Auch die Unumkehrbarkeit des Todes, für kleine Kinder keineswegs selbstverständlich, wird durch das Begräbnis besser erfahrbar als durch jede Erklärung. Der schlichte Vorgang, ein Lebewesen in die Erde zu betten und mit Erde abzudecken, steht für die Endgültigkeit des Todes und symbolisiert doch auch den Lebenskreislauf. Denn aus der Erde wachsen wieder Pflanzen, erwächst wieder neues Leben.

Der Tod gehört zum Leben und begegnet auch kleinen Kindern

Der Tod kann Kindern auch begegnen, wenn etwa in einer der Familien Opa oder Oma sterben, vielleicht vom Kind ganz nah miterlebt. Eltern oder Geschwister sind krank und die Kinder erleben die Sorge oder Trauer in ihrem Umfeld. Auch kann es passieren, dass ein Kind aus der Mitte der Gruppe verstirbt. Doch so dramatisch muss es gar nicht sein: gehen wir etwa mit den Kindern an einem Friedhof entlang, können wir das Thema Tod aufgreifen und ernsthaft, aber ohne tragischen Unterton mit den Kindern über das Sterben reden. Die unbefangenen Gedanken und Ideen gerade ganz kleiner Kinder werden uns dabei oft überraschen.

Die schöne und tröstliche Aussage, Opa oder Oma sind jetzt „im Himmel" ist wunderbar für Kinder und muss nicht weiter ausgeschmückt werden. Weder forcieren wir das Thema noch weichen wir ihm aus. Das Mysterium des Todes und des Lebens nach dem Tod wird ganz selbstverständlich ausgedrückt und kann so auch selbstverständlich vom kindlichen Geist angenommen werden. Tritt das Thema „Tod und Sterben" auf, gehen wir offen und ohne Scheu damit um. Nicht Traurigkeit färbt unsere Worte, sondern inneres Vertrauen und Zuversicht in den Sinn des Lebens, einschließlich Abschied und Tod. Wir werden den kindlichen Fragen so am besten gerecht und tragen auf einfache und doch komplexe Weise zur Welterfahrung, vielmehr zur *Lebens*erfahrung der Kinder bei.

Kamishibai – Das Erzähltheater
„Geburtstag feiern mit Emma und Paul"

Mit dem Kamishibai, ein ursprünglich aus Japan stammendes Tisch- oder Er- zähltheater, können wir den Kleinkindern großformatige Bildfolgen präsentieren und dazu die zugrundeliegende Handlung frei ezählen. Wird die ein wenig ge- heimnisvolle Holzkiste des Erzähltheaters (Bezug: www. donbosco-medien.de) hervorgeholt, sind die Kinder mit großer Freude dabei. Welche Bilder, welche Geschichten verbergen sich wohl diesmal hinter den noch geschlossenen Türen? Mit einem kleinen Reim holen wir alle Kinder in die Situation und fassen so das kleine Erzählritual rund um das Kamishibai. Willkommen im Erzähltheater!

Praxis-Idee

Unser Kamishibai öffnet sich

Liebe Kinder, kommt herbei,
wir öffnen das Kamishibai.

Die Türen sind zu,
bald gehen sie auf,
alle warten schon darauf.

Da sind ja die Kinder! Juhei!
Wir öffnen das Kamishibai.

Nach der Präsentation der Bildkarten

Die Türen schließen.
Es ist vorbei.
Auf Wiedersehen, Kamishibai!

Monika Lehner

Geburtstag feiern mit Emma und Paul

Geburtstag feiern ist schön! Und so wie alle Kinder beschäftigt dieser besondere Tag auch *Emma und Paul* in diesem Bildkartenset (Don Bosco, München 2014). Es ist ja auch zu aufregend, wenn man an den leckeren Kuchen, die brennenden Kerzen und all die guten Wünsche denkt, die auf jedes Geburtstagskind warten. Die Vorfreude ist groß und ungeduldig sehnen die Kinder ihren Ehrentag herbei. Bestimmt gibt es auch Geschenke! Emma wünscht sich einen Ball und Paul hofft, dass sich eine blaue Lokomotive in dem hübschen Päckchen verbirgt. Dabei erwartet ihn eine noch größere Überraschung: alle seine Freunde kommen und feiern mit ihm ein fröhliches Geburtstagsfest!

Aber noch ist es nicht so weit. Das erste Geburtstagskind in der Bildfolge ist das Schäfchen, Emmas Kuscheltier. Es feiert seinen allerersten Geburtstag und die Kinder bereiten eine kleine Feier vor. Da wird sich das Schäfchen aber freuen!

Ganz nah am kindlichen Erleben erzählen die Bildkarten die ewig gleiche und für jedes Kind doch immer wieder ganz neue Geschichte vom Geburtstag.

Zum Umgang mit dem Erzähltheater – Didaktische Hinweise für die Krippe

Die Kinder lassen sich nicht lange bitten, sammeln sich im Bodenkreis und warten gespannt, dass sich die Türen öffnen und der Vorhang sich hebt. Eine Erzieherin sitzt auf einem Hocker leicht erhöht im Kreis, hält das Kamishibai auf dem Schoß und präsentiert dem erwartungsfrohen Publikum die Bildfolge langsam und mit ein wenig Spannung. Eine Kollegin sitzt mit im Kreis bei den Kindern. Sie kann die Einjährigen zu sich nehmen und in der Gruppe hier und da ein wenig strukturierend wirken. Der Text wird von der Erzieherin parallel zum Bildkartenwechsel frei vorgetragen. Dabei kann erzählerisch improvisiert und ausgeschmückt werden. Ist man im Team gut eingespielt, kann eine Kollegin die Bildkarten präsentieren, während die andere vorliest oder erzählt. Vielleicht schließen und öffnen sich die Türen des Erzähltheaters auch während der „Vorstellung" – notwendige Unterbrechungen oder dynamische Elemente der Erzählung können so wunderbar eingebaut werden. Die Bildkarten werden je nach Bedarf gezeigt oder übersprungen, auch eine Erweiterung der „Vorführung" nach und nach bietet sich an und ist in der Praxis leicht durchführbar – eine der Stärken des Erzähltheaters.

Nachdem alle Bildkarten betrachtet sind, erscheint abermals der rote Vorhang. Während sich die Türen des Erzähltheaters langsam schließen, verabschieden die Kinder fröhlich winkend das kleine Theater. Die letzten Zeilen unseres Reims beenden den „Theaterbesuch".

Alles Gute
zum Geburtstag!

Mit einer Geburtstagsfeier für kleine Kinder verhält es sich ähnlich, wie mit einer Essenseinladung nach Hause. Erst wird der Speiseplan sorgfältig geplant, die einzelnen Gänge fein aufeinander abgestimmt. Dann müssen alle Zutaten rechtzeitig beschafft und die einzelnen Gerichte zubereitet werden. Bevor die Gäste kommen, wird aufgedeckt und der Tisch ansprechend gestaltet. Nach diesen zeitaufwändigen Überlegungen und Vorbereitungen und der Begrüßung der Gäste sind die angebotenen Leckereien dann oft in beeindruckend kurzer Dauer verzehrt. Auch der Kindergeburtstag will sorgsam vorbereitet sein und zeichnet sich doch weder durch lange Dauer noch durch besonders spektakuläre „Zutaten" aus. Seine Qualität bezieht er vielmehr aus *inneren Werten*: Wertschätzung für den Festanlass, kindgemäßer Rahmen und echte Wahrnehmung des Geburtstagskindes.

Alle gewählten Fest-Bausteine zusammen und runden sich zu einem stimmigen Ganzen ab. Am schönsten gelingen Feste immer dann, wenn Planungen und Vorüberlegungen zwar im Hintergrund strukturierend wirken, bei der Durchführung jedoch *unsichtbar* bleiben. So lässt sich unbeschwert feiern!

Zeitpunkt und Dauer der Feier

Das Geburtstagsfest in Kita und Kindergruppe findet bei der ersten gemeinsamen Zusammenkunft aller Kinder statt. Die Kernzeit der Geburtstagsfeier ist damit in der Regel die erste gemeinsame Mahlzeit – die morgendliche Brotzeit oder das Gruppenfrühstück. Die Dauer der Mahlzeit definiert gleichzeitig auch die Dauer der Feier. Ist der Kuchen verzehrt und sind die Glückwünsche überbracht, kehren die Kinder in ihren gewohnten Gruppenalltag zurück. Die besondere Stimmung des Tages verflüchtigt sich gleichsam mit dem Rauch der erloschenen Flammen der Geburtstagskerzen.

Für das Erleben ein- bis zweijähriger Kinder ist diese kurze Festdauer durchaus ausreichend, weil ihrer noch kurzen Aufmerksamkeitsspanne angemessen. Dreijährige dagegen schätzen es, wenn wir im Laufe des Tages das Geburtstagthema nochmals oder immer wieder mit Liedern, Geschichten oder Spielen aufgreifen.

Festeinseln im Alltag

Das individuelle Erleben des Kindes bestimmt also sowohl die *äußere* als auch die *innere* Dauer der Geburtstagsfeier. Kommt ein Kind aus eigenem Antrieb immer wieder im Laufe des Tages auf seinen Geburtstag zurück, so werden wir einfühlsam darauf eingehen und die besondere Stellung des Kindes an „seinem Tag" in die Abläufe und Beschäftigungen einfließen lassen. Ist ein Kind glücklich und zufrieden nach der „Geburtstagsmahlzeit" und vergisst regelrecht seinen Festtag, so ist eben dies für das Kind passend. Wir vertrauen dem jeweiligen Erleben des Kindes und respektieren seine individuelle Dosierung der Feierlichkeiten. Es geht ja schließlich um *seinen* Geburtstag.

Dies gilt übrigens auch schon innerhalb der kleinen Form rund um die Geburtstagsmahlzeit. Nicht jedes Kind mag seine Kerzen ausblasen, nicht jedes Kind möchte seinen Nachbarn im Kinderkreis die Hände reichen. Oft *gerade* am Geburtstag nicht! Wir alle kennen die manchmal lastenden Erwartungen, eigene oder familiäre – davon sind auch Kinder betroffen. Erdrücken wir die Kinder also nicht mit dem Anspruch, dass sie an diesem Tag besonders guter Laune sein und dass die Feier ganz besonders schön werden soll, respektive muss. Je gelassener und erwartungsfreier wir das kleine Fest gestalten, umso unbefangener und freudiger wird es das Kind erleben können.

Bei Festen, die sich über längere Zeit erstrecken, besonders in der Adventszeit, brauchen die Kinder die Möglichkeit, immer wieder in „Alltagsinseln" einzutauchen, um Sicherheit und Ruhe in ihrem gewohnten Tages- und Spielgeschehen zu finden. Geburtstag wird nur an einem einzigen Tag gefeiert und zudem im kleinen Rahmen. Um diesen Festtag auf besondere Weise zu strukturieren, betreten wir mit den Kindern gleichsam immer wieder kleine „Festeinseln", die sich aus dem gewohnten Alltag herausheben.

Ohne die Geburtstagsfeier aufzublähen, wird dem besonderen Anlass des Tages gedacht. Wählen wir ein oder zwei Impulse aus dem angebotenen Repertoire: Spiele, Lieder und Geschichten greifen das Geburtstagsthema auf und runden das Festgeschehen ab. Bei weiteren Zusammenkünften im normalen Tagesablauf – sei es der Morgenkreis oder die Mittagsmahlzeit – kann etwa die große Geburtstagskerze mit hineingenommen werden. Sie erinnert an den Festanlass ebenso wie an die heutige Hauptperson. Vollzieht sich diese Würdigung auch achtsam und leise, gleichsam nebenbei, entfaltet sie doch für das kindliche Erleben große Wirkung.

Was tun bei Tränen?

Erwartungsdruck und Überforderung

Wir denken uns die schönsten Festideen aus, schmücken den Tisch festlich und haben ein lustiges Geburtstagsliedchen parat … und gerade dann ist das Geburtstagskind trauriger, irritierter oder verunsicherter Stimmung. Vielleicht gibt es gar Tränen oder heftigen Protest! Ob das Kind bereits sprechen kann oder nicht, es teilt uns unmissverständlich mit: „Nicht Hand geben!" oder „Nicht singen!" oder gerät in panische Abwehr vor der ungewohnten Situation. Ein einjähriges Kind weint vielleicht beim Händereichen, weil es den Aufschub bis zum Kuchenessen weder versteht noch aushält oder greift ganz unmittelbar in den verführerischen Kuchen hinein. Manches Geburtstagskind will die Kerzen nicht ausblasen oder möchte den Kuchen auf gar keinen Fall mit den anderen Kindern teilen. Anderen gefällt die Mittelpunktrolle nicht oder ihre Stimmung kippt unter all den schönen Erwartungen. Und auch kleine Kinder können peinlich berührt sein.

Gerade die Jüngsten benehmen sich noch ungefiltert und ohne Rücksicht auf Konventionen, ganz unmittelbar ihren Gefühlen entsprechend. Oft hängt es auch von der Tagesverfassung ab. Hat das Geburtstagskind nachts schlecht geschlafen oder ist es nicht ganz gesund, leidet darunter natürlich die Feierlaune. Das Geburtstagskind sitzt alles andere als „strahlend" an der Tafel. Die Zeilen eines beliebten Geburtstagslieds: „Draußen kann es regnen, stürmen oder schnein, denn du strahlst ja selber wie der Sonnenschein …" stimmen eben nicht unbedingt mit der kindlichen Realität überein!

Vorrang für die kindlichen Bedürfnisse

Es ist nicht immer leicht nachzuvollziehen, was alles bei kleinen Kindern Unbehagen oder Ablehnung auslösen kann. Meist wird es wohl eine Mischung sein aus Angst vor Unbekanntem und Überforderung. Und angestaute Vorfreude löst sich bei Kleinkindern eben häufig in Weinen und Toben auf. Für uns Erwachsene geht es gar nicht so sehr darum, genau zu verstehen, wo der Schuh in der Situation gerade drückt. Vielmehr nehmen wir die problembelastete Haltung des Kindes an und nehmen es sozusagen bei der Hand, um es aus seinem Unwohlsein der Situation gegenüber herauszuführen.

Der „Geburtstagszug" holt die Kinder da ab, wo sie sind

Ganz praktisch heißt das, wir entschärfen die Situation für das Kind indem wir es liebevoll und beschützend auf den Schoß nehmen, sofern es tröstenden Kontakt wünscht. Wir vermitteln dem Kind die Sicherheit, die ihm vielleicht aufgrund des ungewohnten Ablaufs momentan abhanden gekommen ist, und lassen ihm so viel Zeit, wie es benötigt, um wieder zur Ruhe zu kommen. Vielleicht muss es aber auch nur kurz „Sicherheit tanken" und ein paar stärkende Worte ins Ohr geflüstert bekommen und kann sich schon nach ganz kurzer Dauer unbefangen seinem Geburtstagskuchen und der schon sehnsüchtig wartenden Gruppe zuwenden.

Einfache Entlastungsstrategien

Möchte ein Kind nicht im Mittelpunkt stehen, so können wir das Händereichen auch gut bleiben lassen und ohne großes Aufhebens, quasi nebenbei einen Glückwunsch aussprechen und so möglichst schnell und unverzüglich in die gewohnte Frühstücks- oder Brotzeitsituation übergehen.

Wir können das Lied geflüstert singen oder notfalls ganz darauf verzichten. Oft sind die Kinder am Ende der Feier, nachdem der Kuchen verzehrt ist und die Spannung auf ein für sie erträgliches Maß gesunken ist, sehr gelöst und fröhlich. Warum sich also nicht nach dem Kuchen die Hände reichen und das Geburtstagsständchen darbringen!

Gibt es beim Auspusten der Kerzen Probleme, so können dem Geburtstagskind andere Kinder als Assistenten angeboten werden oder ein Erwachsener bläst zusammen mit dem Geburtstagskind die Kerzen aus. Vielleicht pusten auch alle gemeinsam in die Luft und lösen so die Situation spielerisch auf.

Das Fest ist für das Kind da, nicht umgekehrt

Wir sollten die Kinder nicht um eines ungestörten Festablaufs willen in unangemesser Weise beeinflussen. Gemeint sind hier Aussagen wie „... wenn du weinst, kommt der Kuchen weg" oder „schau mal, die anderen lachen dich ja aus" oder scheinbar milder: „alle warten auf dich und sind traurig, wenn du weinst". Reflektieren wir an dieser Stelle unsere pädagogische Haltung zum Kind genau. Das Erleben des Kindes, das seinen Geburtstag feiert, muss im Fokus unserer Aufmerksamkeit stehen. Das Fest ist ja für das Kind da und nicht umgekehrt – dies gilt in ganz besonderem Maße beim Geburtstagsfest, dem individuellsten aller Feste. Der „Geburtstagszug" soll die Geburtstagskinder da abholen, wo sie sind!

Auf die Dosierung kommt es an

Ziel unserer Bemühungen ist einerseits, das Kind, das Schwierigkeiten mit der Situation hat, ernst zu nehmen und andererseits das Fest möglichst gut über die Runden zu bringen – im Interesse der Hauptperson, aber auch der Gruppe. Wir möchten ja die Grundlage für positive Erinnerungen bieten.

Selbstverständlich werden wir in der Nachschau auf einen eher unglücklichen Festverlauf im Team reflektieren, woran es gelegen haben könnte und ob eventuell strukturelle Veränderungen in der Festanordnung oder im Ablauf hilfreich sein könnten. Trotz aller Tradition unserer Kita dürfen die Strukturen nicht starr sein.

Machen wir uns klar, dass die Kleinen durch die vielen festlichen Aktivitäten rund um ihr Wiegenfest ganz schön strapaziert, sprich überfordert werden können. Da kommen die Großeltern zu Besuch und übernachten in der Familie, der gewohnte Lebensrhythmus gerät durcheinander, am Morgen wird man von strahlenden Eltern und Geschwistern mit Lied und Geschenk geweckt oder am Frühstückstisch empfangen, 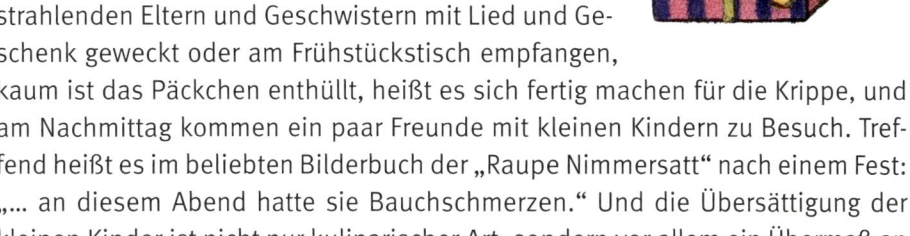 kaum ist das Päckchen enthüllt, heißt es sich fertig machen für die Krippe, und am Nachmittag kommen ein paar Freunde mit kleinen Kindern zu Besuch. Treffend heißt es im beliebten Bilderbuch der „Raupe Nimmersatt" nach einem Fest: „... an diesem Abend hatte sie Bauchschmerzen." Und die Übersättigung der kleinen Kinder ist nicht nur kulinarischer Art, sondern vor allem ein Übermaß an Reizen und Kontakten.

Da dürfen wir in der Krippe „den Ball ruhig flach halten" und das Geburtstagskind mit Feierlichkeit nicht überschütten. Gerade morgens lassen wir die Kinder erst einmal ankommen, sich in gewohnter Weise ausziehen und die Hausschuhe anziehen, bevor wir unsere erste Gratulation überbringen.

Schnappschuss vom Geburtstagskind

Alle freuen sich über ein Geburtstagsfoto! Doch so wichtig eine fotografische Dokumentation der Geburtstagsfeier scheinen mag, so groß ist die Herausforderung. Die Erwartungen sind beachtlich: Das gefeierte Kind sollte möglichst fröhlich, von seinen guten Freunden umringt, hübsch gekleidet und ohne Schokoflecken sowie im besten Licht für das Fotoalbum festgehalten werden – und zwar genau in dem Augenblick, in dem es die Kerzen seines Geburtstagskuchens ausbläst. Das ist schon für einen professionellen Fotografen mit Kindermodels eine schwierige Aufgabe. Soll man aber nebenbei noch eine zwölfköpfige Kleinkindergruppe betreuen und strukturieren und gleichzeitig für ungezwungene und doch festliche Atmosphäre sorgen, kann dies zur Herkulesaufgabe werden.

Geburtstagsfotos sind schön, aber nicht die Hauptsache

Gut machbar ist dies eigentlich nur, wenn drei Erwachsene die Feier begleiten. In diesem Fall kann sich eine Kollegin ums Fotografieren kümmern, während die anderen sich den Kindern und dem Festgeschehen widmen. Anderenfalls könnte leicht passieren, dass das gewünschte Foto zur Hauptsache wird und die eigentliche Hauptsache – das Geburtstagskind und die Gruppe – in einer entscheidenden Phase des Festablaufs in den Hintergrund treten.

Hinzu kommt, dass diese Fotos, unabhängig von ihrer fotografischen Güte, rasch zum Ritual und damit zur unbedingten Anforderung an das Team werden. Eltern wären zu Recht enttäuscht, wenn es von vielen Kindern ein „Geburtstagsfoto" gäbe und gerade von ihrem Kind nicht. Vielleicht hat aber genau dieses Kind bei der Feier geweint oder wollte sich partout nicht fotografieren lassen. Hier stehen wir vor einem gewissen Dilemma. Denn natürlich ist es nicht nur für die Eltern, sondern auch für das Team und die Kinder bereichernd, wenn es von jedem Geburtstagskind ein Foto gibt, samt Geburtstagskuchen und Kerzen. Versuchen wir also unser Bestes, und seien wir auch nicht traurig, wenn ein Foto verwackelt ist oder das Kind nicht in Idealpose erscheint. Es ist eben ein Schnappschuss aus dem richtigen Leben!

Fotoatelier

Eine durchaus praktikable Lösung ist die zeitliche Trennung der fotografischen Dokumentation von der eigentlichen Feier. Die Situation entzerrt sich für uns, aber auch für die Kinder, und Stress wird vermieden. Im „Fotoatelier" können wir uns ganz dem Fotografieren widmen und ebenso mit ungeteilter Aufmerksamkeit der kleinen Feier.

Die Fotos können vor dem eigentlichen Fest mit dem noch intakten Geburtstagskuchen gemacht werden. Es spricht aber auch nichts dagegen, ein Stückchen des Geburtstagskuchens aufzusparen und den Schnappschuss nach der Feier zu inszenieren.

Entscheidend ist, dass wir den Hintergrund und die Sitzanordnung für das Foto gut vorbereiten. Eine oder mehrere gut platzierte Lampen sorgen in der Fotoecke für das nötige Licht. Das Geburtstagskind setzt sich an einen kleinen Tisch, gern auch mit anderen Kindern. Die Kerzen werden entzündet und dann heißt es: „Bitte recht freundlich!"

Diese Durchführungsvariante kann nur gelingen, wenn die Kinder an diese Fotosituation auch im Kita-Alltag gewöhnt sind. Denn während manche Kinder wahre Modellprofis sind, müssen sich die fotoscheuen Kinder erst an die Kamera gewöhnen. Wenn sich Kinder weigern oder unglücklich mit der Situation sind, verzichten wir lieber auf die Aufnahme. Wichtiger als das Geburtstagsfoto ist doch das Geburtstagskind.

Die kleine Geburtstagsfeier

Wenn wir aus den beschriebenen Festbausteinen auswählen, was unserem Geschmack und den zeitlichen, aber auch personellen Ressourcen entspricht, werden wir gemeinsam mit der kleinen Festgesellschaft eine gelungene Geburtstagsfeier erleben. Gelingt es uns, die wenigen und einfachen Rituale mit innerem Glanz zu füllen, erreichen wir die Faszination und damit die Herzen der Kinder besser und vor allem nachhaltiger als durch einen ganzen Zauberkoffer voller Ideen. Singen wir ein einfaches, immer gleiches Geburtstagslied mit innerer Beteiligung und wirklicher Freude und lassen so das feierliche Geschehen für das Geburtstagskind aufstrahlen. Der Festablauf orientiert sich grundsätzlich stärker am kindlichen Bedürfnis als etwa an einem festen „Fahrplan".

Tisch- und Raumschmuck
Welche Sitzanordnung ist für die kleine Geburtstagsfeier in Kita und Kindergruppe passend? Wenn die Tische und Stühle nicht im gewohnten Muster bleiben (sollen), werden sie vielleicht zu einer großen Tafel zusammengeschoben. Ach-

ten wir darauf, dass alles gut vorbereitet ist und ein Tische- und Stühlerücken in Anwesenheit der Kinder vermieden wird.

Nun fehlt nur noch ein passender Tischschmuck, der die Feier allein durch seine optische Wirkung ein wenig aus dem Alltagsleben heraushebl. Je nach Geschmack und Feierlaune kann auch der Raum hübsch dekoriert werden. Beim Tisch- und Raumschmuck setzen wir wenige, aber eindeutige Impulse und wiederholen diese bei jedem Geburtstag! So wird das Geburtstagsritual für die Kinder auch visuell fassbar und verankert. Wir bedienen uns hier ganz einfacher Schmuckelemente und denken auch an die Strapazierfähigkeit der Dekoration. Gerade bei besonderen Anlässen wie dem Geburtstagsfest sind kleine Kinder häufig unruhiger bei Tisch als im gewohnten Alltagsablauf. Alles ist anders, alles ist spannend und da fällt schon mal ein Becher um!

Der Geburtstagskuchen mit seinen Kerzen ist das zentrale und sprechendste Merkmal auf der Festtafel und bietet gleichzeitig auch das wichtigste Schmuckelement. Zusätzlichen Tisch- und Raumschmuck für den Kindergeburtstag wählen wir mit Bedacht und nach individuellem Geschmack:

• Kleine Vasen mit echten Blumen
• Papierblumen
• Bunte Servietten als Platzdeckchen
• Windlichter auf den Tischen oder im Raum verteilt
• Besonderes Geburtstagsgeschirr
• Schmaler Tischläufer (zu bedenken: Tischdecken sind ungeeignet, da die Kinder daran ziehen würden; Unruhe und Gefahr!).
• Luftballons als Wandschmuck oder über der Eingangstür (zu bedenken: Luftballons sind für kleine Kinder ein sehr starker Bewegungsanreiz)
• Ein einzelner großer Luftballon in Herzform
• Papiergirlande über den Tischen
• Girlande aus Papierherzen

Endlich ist es so weit!

Sind alle Kinder versammelt und die Stimmung ein wenig beruhigt, nehmen die kleinen Festgäste Platz an der vorbereiteten und geschmückten Tafel. Gibt es eine feste Platzordnung, sollte diese auch hier berücksichtigt werden. Andernfalls kommt zusätzliche Unruhe ins ohnehin ungewohnte Geschehen. Wählen die Kinder üblicherweise ihren Platz und ihre Tischpartner frei und immer wieder neu aus, sollen sie dies auch hier tun.

Mit der freien und unbeschwerten Platzwahl des Geburtstagskindes beginnt bereits eine gelungene Feier. Hier können unnötige Irritationen leicht vermieden werden. Erst wenn alle Kinder sitzen und zur Ruhe gefunden haben, wird der Geburtstagskuchen mit den entsprechenden Kerzen vor das Geburtstagskind auf den Tisch gestellt. Der Kuchen also kommt zum Kind und nicht umgekehrt!

Eins, zwei oder drei – jedes Alter ist gut

Steht der leckere Geburtstagskuchen auf dem Tisch, fehlen nur noch die brennenden Lichter. Bevor wir gemeinsam gratulieren, werden die Kerzen feierlich entzündet. Jede einzelne Kerzenflamme begleiten wir sprachlich und dem Geburtstagskind zugewandt: „Heute wird Maxi *ein* Jahr alt, darum zünden wir für ihn *eine* Kerze an." Mehrere Kerzen werden langsam nacheinander und mit Achtsamkeit entzündet: „Erst war Maxi *ein* Jahr alt … dann *zwei* Jahre … und heute wird er schon *drei* Jahre alt!"

Praxis-Idee

Das Geburtstagskind und seine Entwicklungsgeschichte

Ein schöner Impuls ist, die kindlichen Entwicklungsstationen beim Entzünden der Kerzen kurz zu benennen: „Am Anfang war Lisa noch ganz klein, konnte noch nicht laufen und nicht alleine essen. Wenn sie ihrer Mama oder ihrem Papa etwas sagen wollte, hat sie laut gebrüllt (hier können wir augenzwinkernd Babygeschrei imitieren) ... dann wurde sie *ein* Jahr alt *(die erste Kerze wird entzündet)* und konnte schon krabbeln und „Mama" und „Papa" sagen ... dann wurde sie *zwei* Jahre alt *(die zweite Kerze wird entzündet)*, jetzt konnte sie laufen und sprechen und singen (hier kann eine individuelle Eigenschaft oder Fähigkeit positiv benannt werden „sie malt so schöne Bilder ...") ... heute wird Lisa *drei* Jahre alt *(die dritte Kerze wird entzündet)*. „Was für ein großes Mädchen du schon geworden bist!"

Diese kleine Entwicklungsgeschichte wird fröhlich und liebevoll und vor allem ohne Bewertung vorgetragen. „Erziehungscharakter" mit Bemerkungen etwa zur Sprach- oder Sauberkeitsentwicklung des Geburtstagskinds haben bei der kleinen Feier nichts zu suchen. Hier geht es um die reine Freude, ein Jahr älter bzw. größer zu werden. Wir versuchen, den zurückgelegten Lebensabschnitt für die Kinder nachvollziehbar zu machen und das am heutigen Tag erreichte Alter zu würdigen.

Gratulation und Krümel

Brennen alle Kerzenflammen, reichen sich die Kinder reihum die Hände und gemeinsam wird das Geburtstagslied angestimmt. Es ist ein schöner Impuls für Kinder, *für* jemanden ein Lied zu singen. Wir können die Arme noch gemeinsam in der Gruppe ein-, zwei- oder dreimal (je nach Alter) nach oben recken und das Geburtstagskind laut und fröhlich hochleben lassen.

In dieser Altersstufe singt das Geburtstagskind gerne auch selbst mit, was völlig in Ordnung ist. Nach dem Ständchen gratulieren wir im Chor – die Kinder

ungeduldig auf den leckeren Kuchen wartend, und wir Erwachsenen mit den besten Wünschen für den weiteren Lebensweg.

Dann ist es endlich soweit! Das Geburtstagskind darf die Kerzen auspusten. Vielleicht müssen wir die Kerzen mehrmals anzünden, weil eines der Krippenkinder der großen Lust des Auspustens nicht widerstehen konnte oder das Geburtstagskind unbedingt noch einmal pusten möchte. Unser „Festfahrplan" sieht zwar einige fixe Haltestationen vor, ist aber flexibel genug, um auf die Bedürfnisse der kleinen „Fahrgäste" eingehen zu können.

Höchste Zeit nun, den leckeren Kuchen auf die bereitgestellten Teller zu verteilen und zu kosten. Die Hauptperson, unser Geburtstagskind, bekommt selbstverständlich die erste Portion. Torten und Kuchen mit reichlich Sahnecreme essen die Kinder mit Löffelchen, während sich Muffins, Nuss- oder Marmorkuchen besser mit den Händen verspeisen lassen. Sollte ein von den Eltern mitgebrachtes Gebäck einmal nicht so gut munden, weil es geschmacklich oder von seiner Konsistenz her den Kindern nicht gefällt, sehen wir dezent darüber hinweg und bieten ohne großen Kommentar ein paar leckere Kekse an. Kommt der Kuchen allerdings gut bei den Kindern an, verlangen sie oft und gerne nach: „Noch mal, noch mal!" schallt es über die Geburtstagstafel.

Nach dem kleinen Fest stehen wir meist einer eindrucksvollen Krümellandschaft mit Schokoklecksen auf Tischen, Stühlen und Boden gegenüber. „Halb so schlimm!" Das gehört nun einmal zu einem Geburtstagsfest mit kleinen Kindern dazu.

Abschluss und Ausklang

Setzen wir einen sichtbaren Schlussimpuls und bringen das Geburtstagsfest zu einem für das Kind nachvollziehbaren Ende. Für kleine Kinder ist es wichtiger zu *erleben* als zu *verstehen*: Ein Handlungsbogen, wie klein und kurz er auch gestaltet sein mag, schließt sich und weist gleichzeitig über sich hinaus. Was wir jetzt sorgsam forträumen und aufbewahren, wird ja beim nächsten Geburtstag wieder gebraucht und hervorgeholt.

Wir beteiligen die Kinder, besonders aber das Geburtstagskind, an ganz praktischen, aber sinnigen Tätigkeiten:

- Kuchenreste oder leere Kuchenplatte in die Küche bringen
- Kerzenhalter für die Geburtstagskerzen an ihren Platz aufräumen
- Große Geburtstags- oder Lebenskerze zurückstellen
- Wieder verwendbare Tisch- und Raumschmuckelemente verpacken
- Luftballons abnehmen und langsam die Luft entweichen lassen (ohne Knallen!)
- Markierung vom Geburtstagskalender (falls vorhanden) abnehmen
- Weitere Impulse je nach gewählter Symbolik und individueller Gestaltung

Vor dem Mittagsschlaf oder bevor die Kinder nach Hause gehen, geht der Geburtstag in der Kita zu Ende. Das Geburtstagskind verwandelt sich sozusagen wieder zum „normalen" Gruppenmitglied. Dieser Übergang fällt nicht allen Kindern gleich leicht. Hat man die Sonderstellung als Hauptperson des Geschehens sehr genossen, möchte man diese guten Erfahrungen und Gefühle nicht so gerne wieder aufgeben. Aber das ist der Lauf der Dinge.

Zur Nachbereitung kleben wir Fotografien vom Geburtstagskind und der kleinen Feier auf einen farbigen Fotokarton. Eltern haben so die Möglichkeit einer Nachbestellung der gelungensten Aufnahmen und auch die Kinder betrachten die Bilder gern. Dies regt die Erinnerung an und lässt das eigene kleine Fest oder das der anderen Kinder wieder lebendig werden. Wer wohl den nächsten Geburtstag feiert?

Zur Autorin

Monika Lehner, Erzieherin, seit über 25 Jahren in der Betreuung Ein- bis Dreijähriger tätig, leitet eine kommunale Kinderkrippe in der Nähe von München und gibt Fortbildung für Krippenpädagoginnen.

Weitere Titel aus der Reihe

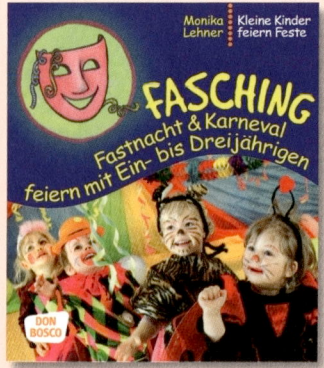

ISBN 978-3-7698-1903-8

ISBN 978-3-7698-1904-5

Die Praxisbücher der Reihe „Kleine Kinder feiern Feste" zeigen Ihnen, wie Sie den Unter-Dreijährigen mit altersgemäßen Angeboten, Spielen, Liedern und Bastelideen Feste und Bräuche näherbringen können. Ideale Ergänzung: die DIN-A3-großen Bildkartensets inklusive Textvorlage.

ISBN 978-3-7698-1877-2

ISBN 978-3-7698-1878-9

ISBN 978-3-7698-1879-6

Mit Bildkarten Feste entdecken

EAN 426017951 220 9

EAN 426017951 063 2

EAN 426017951 064 9

EAN 426017951 052 6

EAN 426017951 053 3

EAN 426017951 058 8

Mit kleinen Kindern durch das Jahr

ISBN 978-3-7698-1976-2

ISBN 978-3-7698-1977-9

ISBN 978-3-7698-1952-6

ISBN 978-3-7698-1953-3

EAN 426017951 128 8

Diese 12-teilige
Bildgeschichte für
das Kamishibai-
Erzähltheater
ergänzt ideal
die Reihe „Mit
kleinen Kindern
durch das Jahr"!

LEBENDIG. KREATIV. PRAXISNAH.